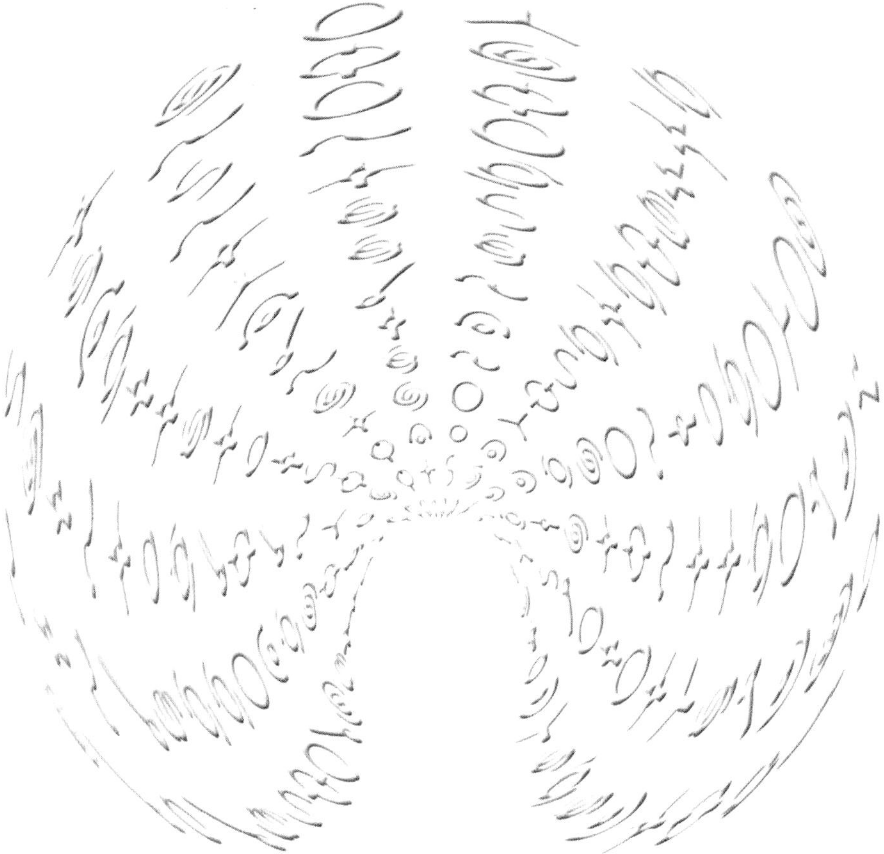

Die Matrix

Der Schlüssel zum Ersten Bewusstsein

Werner Johannes Neuner

Werner Neuner Verlag
Home: www.meinThema.com

Kontakt zu Autor:
Email: werner.neuner@meinThema.at

ISBN: 978-3-902280-88-6
1. Auflage März 2012

Titelbild + Satz: grafik & design by kiss
Lektorat: Barbara Brandstätter

Ich widme dieses Buch all jenen, die den Mut haben aufzubrechen, um das Geheimnis der Matrix zu ergründen!

Vorwort

Wenn ein Same auf fruchtbaren Boden fällt, beginnt er zu gedeihen. Wir beobachten dieses Wunder und Geheimnis der Entfaltung, nehmen es aber zumeist einfach als gegeben hin. Auch die Erklärungen der Naturwissenschaften, die diese Wachstumsprozesse bis ins Kleinste beschreiben, können das dahinter liegende Geheimnis nur analysieren, nicht aber verständlich machen.

Mit den Vorgängen in unserem persönlichen Leben verhält es sich genauso. Wenn uns etwas gelingt, freuen wir uns darüber, doch wenn etwas nicht gelingt, nehmen wir uns fast immer als „Opfer der Umstände“ wahr. Wir nehmen die Dinge so hin, wie sie eben sind.

Doch warum fällt ein Gegenstand zu Boden, wenn wir ihn loslassen? Die „Erklärung“, dass dies durch die Erdanziehungskraft geschieht, gibt diesem „Naturgesetz“ lediglich einen Namen, erklärt es aber nicht.

Warum sind meine Lebensumstände so, wie sie sind? Und warum kann ich sie nicht oder nicht nachhaltig verändern? Es gibt eine Fülle von mehr oder weniger guten Methoden, die positive Veränderungen im persönlichen Leben bewirken wollen.

Doch gerade dann, wenn wir nachhaltige und vor allem uns erfüllende, uns begeisternde Veränderungen in unserem Leben bewirken wollen, sollten wir jene Vorgänge, welche die Dinge in unserem Leben bewirken und geschehen lassen, erforschen und allmählich verstehen.

Die „Matrix“ ist zu einem allgemein gebräuchlichen Begriff geworden. Die Matrix steht für jene Programme, die unsere Wirklichkeiten erzeugen und die Vorgänge in unserer Welt beeinflussen.

Wir werden in diesem Buch eine Reise in die Geheimnisse der Matrix antreten. Wir werden dabei sehen, dass der Geist des Menschen dem

Geheimnis der Matrix schon immer auf der Spur war und dass es sich dabei um ein sehr mächtiges Geheimnis handelt.

Wir werden sehen, dass die Matrix einen gänzlich heilen inneren Kern besitzt, aus dem heraus sich alles entfaltet. Wir werden aber auch erkennen, dass das Feld der Wirklichkeit mit mächtigen Programmen manipuliert und entfremdet wurde. Wir selbst sind aber nicht die Opfer dieser Programme, sondern tragen diese in uns selbst. Das wird sowohl die entscheidende Erkenntnis, als auch der nachhaltige Ausweg sein.

Wenn wir nämlich das Geheimnis der Matrix, in ihrer heilen Form, verstehen, werden wir die in uns selbst lebende Heile Matrix erwecken können. Daraus entwickeln sich heilende Prozesse in unserem Matrixfeld, die sich direkt auf unser persönliches Leben auswirken.

Wenn wir die Geheimnisse der Heilen Matrix verstehen, können wir unser Leben klären und zu einem begeisternden Abenteuer werden lassen. Und wenn wir unser persönliches Leben heilsam verändern, erschaffen wir dadurch eine neue Welt mit einer neuen Kultur des Friedens und der Liebe.

Also, lasst uns aufbrechen!

Werner Johannes Neuner, im März 2012

Inhaltsverzeichnis

Teil 2

Die Matrix

Die Matrix

Die Matrix ist das Synonym für jene Programme, die unsere Wirklichkeiten erzeugen und die unsere Lebensumstände und die Vorgänge in unserem Leben bestimmen.

Wenn wir diese Matrix verstehen, können wir unser Leben nachhaltig verändern und positiv gestalten.

Der Begriff „Matrix“ elektrisiert und fasziniert. Er fasziniert vor allem jene Menschen, die auf der Suche sind, auf der Suche nach Erkenntnis, nach Selbstfindung und nach einer lebenswerten Welt. Er elektrisiert, da wir dahinter eine Wahrheit erahnen, die uns auf unserer Suche weiterbringen und uns der Erfüllung unserer tiefsten Sehnsüchte näherbringen kann.

Wo uns unsere Suche hinführen kann und worin unsere Sehnsüchte eigentlich liegen, darauf gehe ich vor allem in den späteren Kapiteln dieses Buches ein. Doch gleich jetzt sei darauf hingewiesen, dass diese Suche, dieses Eintauchen in die Matrix, ein „gefährliches“ Unternehmen ist. Die Gefahr besteht darin, dass das Erkennen der Matrix unser Leben gänzlich auf den Kopf stellen kann. Das Erkennen der Matrix stellt unsere Lebensweise und unsere Denkmuster auf allen Ebenen in Frage. Das Erkennen der Matrix eröffnet uns allerdings einen Weg in ein erfüllendes, begeisterndes und vor allem faszinierendes Leben.

Beginnen wir mit dem Begriff „die Matrix“ selbst. Er ist seit der Filmtrilogie „The Matrix“ aus dem Jahr 1999, „Matrix Reloaded“ aus dem Jahr 2003 und „Matrix Revolutions“, ebenfalls aus dem Jahr 2003, allgemein sehr präsent und erlebt gerade einen wahren Boom.

Es geht dabei vor allem um die Erkenntnis, dass hinter der wahrnehmbaren Wirklichkeit ein unendlich komplexes Programm liegt, welches die sichtbare Realität erzeugt. Dieses Programm ist die „Matrix".

Wenn dem nun so ist, wenn nun unsere sichtbare Realität gar nicht alles ist, sondern sich lediglich aus dahinterliegenden Programmen entfaltet, ergeben sich daraus folgende Fragen:

1. **Wenn wir die Matrix erkennen und erforschen, ist es dann nicht auch möglich, diese Matrix zu verändern, um eine lebenswertere Welt zu erschaffen?**

2. **Wenn die Programme der Matrix die Welt lenken, kann es dann nicht sein, dass diese Programme bereits manipuliert wurden, um den Lauf der Dinge zu beherrschen?**

Die erste Frage birgt eine große Hoffnung in sich. Die zweite Frage (auf welche besonders die Filmtrilogie eingeht) deutet ein sehr düsteres Bild an.

Die römische Kopie eines Porträts von Platon, das im 4. Jahrhundert v. Chr vom Bronzebildner Silanion geschaffen wurde und vermutlich nach dem Tod Platons in der Akademie aufgestellt worden war.

Beide Fragen sind wohl mit Ja zu beantworten. Und wenn wir uns nun darauf einlassen, begeben wir uns auf eine faszinierende Reise, die uns an ein unerwartetes und hoffnungsvolles Ziel bringen wird.

Diese Fragen, die wir heute mit dem Matrixbegriff deuten können, sind allerdings keinesfalls neu. Sie treten in unserer Geistesgeschichte immer wieder in markanter und in „gefährlicher“ Form auf. Beginnen wir daher unsere Reise in unserer Geschichte, im antiken Griechenland.

Das Höhlengleichnis

Dieses berühmte Gleichnis stammt von Platon, der 428/427 v. Chr. in Athen oder Aigina geboren wurde und bis 348/347 v. Chr. vor allem in Athen lebte. Er war ein Schüler des Sokrates.

In seinem Höhlengleichnis beschreibt er den Menschen als ein gefangenes und gebundenes Wesen. Der Mensch sitzt seit seiner Kindheit in einer Höhle und ist dort derart festgebunden, dass er weder seinen Körper, noch seinen Kopf bewegen kann. Durch seine Gebundenheit kann er lediglich die Rückwand der Höhle sehen.

Hinter dem Menschen befindet sich eine Mauer, hinter der ein Feuer brennt, welches die Höhle erleuchtet. Hinter dieser Mauer werden nun Gegenstände vorbeigetragen, welche an der Rückwand der Höhle Schatten zeichnen. Der Mensch sieht weder den Gegenstand selbst, noch diejenigen, welche diese Gegenstände bewegen. Der Mensch sieht lediglich die Schatten der vorbei getragenen Gegenstände.

Da der Mensch seit seiner Geburt nur diese Schatten sieht, hält er diese für die alleinig gültige Wirklichkeit.

Platon stellt nun die Frage, was geschehen würde, wenn sich ein Mensch aus dieser Gefangenschaft befreien würde.

Wenn dieser Mensch sich umdreht, erkennt er das Feuer. Doch das blendet ihn. Auch die Gegenstände, die vorbeigetragen werden, erscheinen ihm wenig real, da seine Wahrnehmung auf das Schattenspiel geprägt ist. Der befreite Mensch würde daher zu seinem Platz zurückkehren und weiterhin das Schattenspiel an der Rückwand der Höhle für die einzig wahre und einzig „vernünftige" Realität halten.

Daher stellt Platon eine zweite Frage: Was würde geschehen, wenn ein Mensch von seinen Fesseln befreit wird und gezwungen wird, sich umzudrehen und die Höhle zu verlassen.

Draußen, im Sonnenlicht, kann dieser Mensch vorerst nichts sehen. Das helle Licht blendet ihn und das, was er sieht, kann er nicht deuten. Doch allmählich beginnt er zu begreifen. Er sieht und erlebt eine wesentlich lebendigere und vielfältigere Welt, die bei Weitem über das begrenzte Schattenspiel seiner bisherigen Wahrnehmung hinausgeht.

Eines ist klar:
Ein derart befreiter Mensch würde niemals mehr in sein beschränktes Schattendasein zurückkehren wollen. Doch was geschieht, wenn er seinen ebenfalls gebundenen Freunden und geliebten Menschen von seiner Erkenntnis berichtete? Sie würden ihn auslachen, ihn als „Geblendeten" verachten. Sie, die Gefangenen in der Höhlenwelt, würden wie Wächter agieren. Die gebundenen Höhlenmenschen würden das, was der Befreite erzählt, als Gefährdung ihrer Welt betrachten und ihn, den Befreiten, massiv attackieren und gesellschaftlich

isolieren. Sie würden den Befreiten mit allen Mitteln zwingen, in sein bisheriges Schattendasein zurückzukehren.

Jeder, der von nun an die Höhlenmenschen aus deren Gefangenschaft befreien wollte, würde als Gefahr der Gesellschaft gesehen werden. Die Höhlenmenschen würden sogar soweit gehen, jeden Befreiungsversuch aus der Gefangenschaft des Schattendaseins als massive Bedrohung der gesellschaftlichen Ordnung zu betrachten. Jeder, der dies nun wagen sollte, würde verachtet und letztlich sogar hingerichtet werden.

Die Deutung des Höhlengleichnisses

Wir befinden uns mit diesem antiken Höhlengleichnis inmitten des Matrixthemas. Das, was wir vorhin als „die Matrix“ bezeichnet haben, entspricht im Höhlengleichnis den Vorgängen, die dahinter liegen. Der eigentliche Gegenstand, der seinen Schatten auf die Rückwand der Höhle wirft, das ist die dahinterliegende Matrix jener Realität, die wir alltäglich wahrnehmen. Während wir die Schatten als einzig gültige Realität betrachten, bleibt für uns in der Regel jene Matrix, welche diese Realität erzeugt, unsichtbar.

Wenn der Befreite in sein soziales Umfeld zurück kehrt, um seine Erkenntnisse mitzuteilen, werden die Wächter aktiv. Diese Wächter sind jene Programme und Glaubensmuster, die in jedem einzelnen installiert wurden. Der paradigmenfreie Zustand des Befreiten wird als „Gefahr für die gesellschaftliche Ordnung" gedeutet.

Wir sehen in diesem Gleichnis sowohl die Gefahrenfelder, die ein Erkennen der Matrix mit sich bringt, als auch (zumindest andeutungsweise) die neuen Möglichkeiten, welche sich aus dieser Erkenntnis ergeben.

Beginnen wir mit den Gefahrenfeldern.

Das erste, das sich hier auftut, ist **die Macht der Wächter**. Ich werde im Laufe des Buches immer wieder darauf zurückkommen, da es sich dabei um eine zentrale Thematik handelt.

Der Befreite kehrt nach seiner massiven Erkenntnisreise in sein soziales Umfeld zurück. Der Befreite hat eine völlig neue Sicht der Realität, welche dem Weltbild der Höhlenmenschen allerdings gänzlich widerspricht. Das Weltbild der Höhlenmenschen hat sich aus der beschränkten Wahrnehmung der Schattenwelt gebildet. Der Befreite hat sich dieses Weltbildes aber entledigt. Er hat sich dessen entledigen müssen, da sein Erkenntnisprozess ihm keine andere Wahl gelassen hatte. Die Zeit, um ein neues Weltbild aufzubauen, hatte er allerdings noch nicht, da ihm dazu zurzeit noch ein gesellschaftliches Netzwerk und eine menschliche Kultur fehlt, die in der Lage ist, diese neuen Erkenntnisse zu verarbeiten. Er befindet sich daher in einem *paradigmafreien Zustand.*

Die Begegnung des Befreiten mit den Höhlenmenschen vollzieht sich allerdings gänzlich anders, als er dies erwartet hätte. Hat der Befreite sich erhofft, dass seine Erkenntnis zu einem allgemeinen Aufbruch in eine neue Welt führen würde, so wird diese Hoffnung nun bitter enttäuscht. Das Gegenteil tritt ein. Im Wesen der Gefangenen werden die Wächter aktiv. Es sind gar keine Wächter im Außen nötig, um die Gefangenen in ihrer Gefangenschaft zu halten. **Die Gefangenen selbst sind die Wächter ihrer eigenen Gefangenschaft!** Die Höhlenmenschen sind von Geburt an auf die Realität der Schattenbilder geprägt. Sie haben sich eine einigermaßen lebbare Komfortzone innerhalb dieser Schattenwelt eingerichtet. Die Erkenntnisse des Befreiten aber bringen genau diese Komfortzone in Gefahr.

Die Wächter erklären den Befreiten als verwirrt und geblendet. Sie deuten seinen paradigmafreien Zustand als amoralisch und verwerflich. Sie machen ihn lächerlich und beginnen ihn zu diffamieren.

Damit öffnet sich das zweite Gefahrenfeld dieser Erkenntnisse, nämlich die **Isolation des Befreiten**. Es beginnt mit der gesellschaftlichen Diffamierung. Auf den Befreiten wird immer massiver werdender Druck ausgeübt. Es wird ihm nahegelegt, sich für seine „Vergehen“

zu entschuldigen, um sodann demütig in das alte Schattendasein zurückzukehren. Er würde zwar noch lange unter den argwöhnischen Blicken der Gesellschaft zu leiden haben, man werde aber „gnädig“ sein und ihn dennoch wieder aufnehmen.

Genau das aber ist für den Befreiten gänzlich unmöglich. Die Rückkehr in das begrenzte Wahrnehmungsbild der Schatten ist für ihn nicht annähernd mehr lebbar. Er verweigert sich den Forderungen der Gesellschaft. Und dann beginnt die gesellschaftliche Isolation. Er wird zum Ausgestoßenen.

Im schlimmsten Fall führt das zum Tod. Platon selbst hat dies bei seinem Lehrer Sokrates hautnah miterlebt. Die Athener Gesellschaft hatte Sokrates vorgeworfen, dass er die Jugend „verderben“ würde. Sie hatten ihn vor Gericht gestellt und von ihm erwartet, dass er sich dem Druck der Gesellschaft beugen werde. Man hätte ihn „freigesprochen“, wenn er eingewilligt hätte, sich zu entschuldigen und der Philosophie zu entsagen. Wenn er von nun an geschwiegen hätte, wäre der Prozess gegen ihn fallen gelassen worden.

Doch Sokrates war in seinem Erkenntnisprozess bereits zu weit gegangen. Es wäre für ihn unmöglich gewesen zu schweigen und sich der Realität der Schatten zu beugen. Er nutzte den Prozess sogar, um die Intrigen der Schattenmenschen schonungslos aufzudecken. Er wurde zum Tode verurteilt und trank den Schierlingsbecher ohne Furcht.

Das also sind die Gefahrenfelder, die sich auftun, wenn wir das Geheimnis der Matrix ergründen und uns auf diesen Erkenntnisprozess einlassen.

Im Film „Die Matrix“ kommt es an diesem Punkt zu einer entscheidenden Szene. Morpheus hat bereits das Geheimnis der Matrix erkannt und sich aus dem Schattendasein befreit. Zu ihm kommt Neo, der Held der Geschichte, der soeben einen ersten Blick hinter die Kulissen getan hat. Er hat erkannt, dass die Realität, die wir wahrnehmen, ein Schattenspiel ist, hinter dem eine ganz andere Wirklichkeit liegt.

Morpheus stellt nun den Neuankömmling Neo vor eine entscheidende Wahl. Er legt vor ihm eine blaue und eine rote Pille hin. Wenn Neo die blaue Pille zu

Auch wenn wir die Gefahren des Erkenntnisweges kennen, wollen wir diesen unbedingt gehen. Es ist eine mächtige Urkraft in uns, eine Evolutionskraft, die uns auf diesen Weg seit jeher vorbereitet hat.

sich nimmt, wird er wieder in sein gewohntes altes Leben zurückkehren, dafür aber alles, was er soeben erlebt hatte, vergessen. Wählt er hingegen die rote Pille, wird er aus dem Schattendasein befreit und die Realität dahinter erkennen.

Obwohl Neo sich der damit verbundenen Gefahren bewusst ist, wählt er die rote Pille. Warum sollen wir nun die angenehme Komfortzone verlassen und hinter die Kulissen blicken? Warum sollten wir nun genauso wie Neo die rote Pille wählen, obwohl wir aus dem Höhlengleichnis wissen, wie es uns dadurch ergehen wird, welche Gefahrenfelder sich unter uns auftun?

Ist es reine Neugier?
Oder ist es mehr?

Ist es gar eine innere Stimme,
die uns dazu drängt?

Es ist wohl eine zutiefst in uns angelegte Sehnsucht, die uns dazu bewegt, aufzustehen, die Komfortzone zurückzulassen und es zu wagen. Es ist eine kraftvolle Ahnung, die uns neues Leben, Lebendigkeit, Erfüllung verheißt, auch wenn unsere liebgewonnenen Weltbilder diesem Weg zum Opfer fallen werden.
Und es ist eine sehr tiefe Urkraft in uns, die genau diesen Erkenntnisweg will,

eine Seelenkraft tief aus unserem Urgrund, eine Evolutionskraft, deren Fluss wir uns freiwillig hingeben, sobald wir von ihr gekostet haben und wir uns zu erinnern beginnen.

Die Reise in das Geheimnis der Matrix hat damit begonnen!

Die Antworten des Höhlengleichnisses

Das Höhlengleichnis beantwortet die beiden anfangs gestellten Fragen in seiner eigenen Sprache.

Wir haben uns gefragt, ob wir, wenn wir die Funktionsweise der Matrix kennen, diese verändern und dadurch eine lebenswerte, erfüllende Realität erschaffen können. Das Höhlengleichnis sagt, dass ein Erkennen des Schattendaseins, ein Erkennen der dahinter liegenden Realität, also ein Erkennen der Matrix, das Leben des Erwachten umfassend verändert. Der befreite Mensch ist nicht mehr in der Lage, in sein Schattendasein zurückzukehren.

Ob er deswegen bereits zu einem erfüllteren Leben finden kann, bleibt offen. Es bleibt fraglich, ob er dem dadurch aufkeimenden gesellschaftlichen Druck gegen ihn standhalten kann. Als einzelnes Individuum wird er daran wohl zugrunde gehen, oder (im übertragenen Sinn) wie Sokrates zum Tode verurteilt werden.

Dennoch wissen wir aber um jene tiefe Evolutionskraft, um diese Urkraft, die uns aus dem Schattenreich unbedingt befreien will. Kann es nun wirklich sein, dass diese Evolutionskraft, die sich in Form starker Sehnsüchte auf emotionaler Ebene zeigt, von uns etwas will, an dem wir zugrunde gehen? Oder zeigt diese Urkraft nicht viel eher den Ausweg aus einer kollektiven Krankheit auf, den Ausweg aus einer kollektiven Verwirrung, der die menschliche Weltenseele anheim gefallen ist?

Wenn die Befreiung aus dem Schattendasein nur einem einzelnen gelingt, wird dies keinen nachhaltigen Erfolg bringen. Der Befreite hat durch die Mechanismen der Kontrollprogramme als Einzelkämpfer kaum eine Überlebenschance.

Die kollektive Seele der Spezies Mensch hat diese Krankheit, diese Gefangenschaft im Schattenreich schon längst erkannt. Das Höhlengleichnis gibt es seit Jahrtausenden! Und es scheint sich jetzt ein günstiges Zeitfenster zu eröffnen, um diese Krankheit, an der jeder einzelne von uns teilhat, zu erkennen. Aus diesem Erkennen heraus kann dann eine umfassende Heilung geschehen.

Die Befreiung der Weltenseele aus dem Schattendasein kann durch ein einzelnes Individuum kaum gelingen. Jene Einzelkämpfer, die hinter die Kulissen der Matrix geblickt haben, mussten damit stets mit ihrem Leben bezahlen. Das war so bei Sokrates, bei Jesus Christus und bei einer Vielzahl anderer ebenso. Sie haben mit ihrem Leben bezahlt und keine nachhaltige sichtbare Veränderung oder gar Verbesserung für das Leben auf unserem wunderbaren Planeten bewirkt.

Das Ziel, sich selbst alleine aus dem Schattenreich zu befreien, ist genauso egozentriert wie sinnlos. Es geht hier keinesfalls um die Befreiung oder um das Erwachen einzelner Menschen, um eine individuelle Erleuchtung oder um irgendeinen „Aufstieg" in „höhere Sphären". Denn das kann die Weltenseele nicht aus ihrer Gefangenschaft befreien. Eine Befreiung und Erkenntnis eines einzelnen macht nur dann Sinn, wenn dies in einem sozialen Kontext geschieht.

Wenn allerdings die Befreiung aus dem Schattendasein zu einer kollektiven Bewegung wird, zu einem Aufbruch, an dem sich viele beteiligen, dann besteht tatsächlich Grund zur Hoffnung. Dann lässt sich eine neue Welt formen und gestalten. Im sozialen Kontext solch einer kollektiven Bewegung ist das Individuum nicht mehr zum Scheitern verurteilt.

Dem gesellschaftlichen Druck steht die wohlwollende Unterstützung jener gegenüber, mit denen wir gemeinsam aus dem Schattenreich der Höhle herausgetreten sind. Der Einzelne kann in diesem wohlwollenden sozialen Netzwerk überleben und wachsen.

Und mehr noch: Aus diesem Erwachen kleiner Gruppen kann nach und nach, wie in einer Kettenreaktion, eine kollektive, umfassende Bewegung erwachsen. Die Urkraft der Evolution steht solch einer Bewegung jederzeit zur Seite!

Bevor wir nun aber ins Schwärmen kommen, sollten wir uns den Themen der zweiten Frage stellen. Kann es sein, dass die Funktionsweise der Matrix bereits soweit bekannt ist, dass diese Matrix manipuliert wurde und auch weiterhin manipuliert wird, um den Lauf der Welt zu beherrschen?

Der Film „Die Matrix" zeichnet diesbezüglich ein sehr düsteres Bild. Dort sind die Menschen nichts anderes als Energielieferanten, gleichsam „Nutzvieh". Den Menschen ist es gestattet, sich innerhalb einer streng abgesteckten „Komfortzone" zu bewegen, innerhalb einer fiktiven Matrix fiktiv zu existieren, um durch ihre Existenz einem aus intelligenten Maschinen bestehenden Imperium Energie zu liefern.

Auch das Höhlengleichnis von Platon spielt auf eine manipulierte Scheinrealität an. Die gefangenen Menschen leben in der Scheinrealität der Schattenspiele. Hier stellt sich sofort die Frage, wer denn jene sind, die diese Schattenspiele veranstalten.

Platons Gleichnis gibt darauf keine Antwort. Es zeigt aber, dass der Höhlenmensch durch die Schattenspiele offenbar eingehend konditioniert wurde. **Die Gefangenen selbst sind die Wächter ihrer eigenen Gefangenschaft.** Da wir bereits von Geburt an nur die Scheinwelt der Schattenspiele kennen, ist es ein Leichtes, uns damit zu manipulieren und uns dem Willen der Schattenspieler gefügig zu machen.

Sobald wir aber erkennen, dass wir selbst die Wächter sind, beginnen sich die Fesseln unserer Gefangenschaft allmählich zu lösen!

Gedenkstätte am Fuße der letzten Katharer-Burg in Montségur.

Quelle:
Fotografía propia escanjada

Die Gnosis

Auf unserer Reise in die Geistesgeschichte des Menschen führt uns das Matrixthema nun zu den Gnostikern. Auch hier finden wir eine Antwort auf die Frage, ob die Matrix aus machtorientierten Gründen manipuliert wurde. Die Gnostiker bejahen dies eindeutig und geben sogar ganz genau an, wer hinter dieser Manipulation steht. Die Gnosis ist eine religiöse Lehre aus dem 2. und 3. Jahrhundert nach Christus, wobei es dafür bereits einige Vorläufer gibt. Das gnostische Gedankengut lebte im Mittelalter vor allem in den alchemistischen Lehren und bei den Katharern weiter. Wie „gefährlich“ dieses Gedankengut vom gesellschaftlichen Mainstream eingeschätzt wurde, zeigt die Verfolgung und grausame Vernichtung der Katharer durch die katholische Kirche, die im März 1244 mit der Eroberung der letzten Katharerfestung in Montsegure endete. Der Krieg der Kirche gegen die Katharer war der Beginn der Inquisition und das Ende der freien Religionsausübung.

Doch worin besteht die „Gefahr“ dieses gnostischen Gedankengutes?

Um es in unseren Worten auf den Punkt zu bringen: Im Blick hinter die Kulissen der Matrix, genauer gesagt hinter die Kulissen der manipulierten Matrix unserer Welt.

Der Begriff „Gnosis“ stammt vom altgriechischen Wort für **„Erkennen“**. Die Erkenntnis des wahren Göttlichen (so die Sprache der Gnostiker) entspricht dem *Erkennen der Matrix* und führt zu einer umfassenden Befreiung. Der Befreite, der es geschafft hat, aus der Gefangenschaft des Höhlendaseins zu entkommen, ist in diesem Sinne ein wahrer Gnostiker. Die Lehre der Gnosis spricht von einem vollkommenen und allumfassenden Gott. Dieser Gott ist weder manipulierbar, noch lenkbar und verkörpert ein umfassend, bedingungslos liebendes Sein im Einklang mit allem Leben und im Einklang mit jeder lebensbejahenden Entwicklung. Jeder Mensch und jedes Leben ist von sich aus mit dieser Vollkommenheit verbunden. Diese Verbundenheit lebt in jedem Menschen und kann nicht zerstört werden.

Ein Fragment des „Kölner Mani-Kodex", einer gnostischen Urschrift.

Wenn wir das wieder auf unsere moderne Sprache übersetzen, geht es hier um eine **Heile Matrix**, um ein heiles Prinzip, das umfassend existiert und in jedem Menschen und in jedem Leben unbeeinflussbar und unkontrollierbar vorhanden ist, sich also gänzlich frei entfaltet. Diese Heile Matrix trägt in sich die Energie jeder Entwicklung und Entfaltung, und befindet sich in gänzlichem Einklang mit den großen, allumfassenden Evolutionsprozessen. Auf dieses Wissen um die Heile Matrix werden wir uns noch tiefer einlassen.

Die Gnosis spricht aber auch davon, dass es neben diesem vollkommenen Gott einen weiteren, unvollkommenen Gott, den „Demiurg" gibt. Dieser Demiurg ist der Manipulator der Matrix, er ist herrschsüchtig, unberechenbar, rachsüchtig, tyrannisch und entspricht (nach den Lehren der Gnosis) dem Gott Jahwe, dem Gott des Alten Testamentes.

Wenn wir das Alte Testament wirklich einmal lesen (und ein paar Seiten davon genügen dafür bereits), werden wir sehen, wie recht die Gnostiker mit ihrer Beschreibung des Demiurg Jahwe haben. All dies habe ich in meinem Roman „Blasphemie, Erde in Aufruhr“ (ISBN: 978-3-9502439-8-7) aufgegriffen und in einer Geschichte unserer Zeit erzählt. Wie blasphemisch solch ein Gedanke und solch eine Lehre natürlich sind, erklärt sich von selbst.

In der gnostischen Lehre „verdichtet“ sich der Mensch durch den Einfluss dieses Demiurgen immer mehr, wodurch er sich immer tiefer in die Materie verstrickt. Dadurch verliert der Mensch den Bezug zur vollkommenen Göttlichkeit (zur Heilen Matrix), ohne aber jemals davon ganz getrennt werden zu können.

Jesus Christus stammt aus dem reinen, vollkommenen Göttlichen. Er ist nach der Lehre der Gnosis nicht der Sohn jenes Demiurg Jahwe, als den die katholische Kirche ihn sieht. Das Leben des Jesus hatte den Sinn, dem Menschen die Macht und die Machenschaften des Jahwe erkennbar zu machen, um sich aus dieser Gefangenschaft zu befreien. Auch dies ist natürlich sowohl ein stark blasphemischer, als auch ein äußerst kraftvoller Gedanke, ein Blick hinter die Struktur der verfremdeten Matrix und ein Wegweiser für die Befreiung aus dem Schattendasein der Höhlenmenschen.

Die Antworten der Gnosis

Die Gnostiker sprechen von einer vollkommenen Gottheit, der dem „gefallenen", manipulierenden Demiurgen gegenüber steht. Das berührt natürlich einen Urmythos in der menschlichen Geistesgeschichte, einen Mythos, der in etlichen anderen Geschichten (z. B. von den „gefallenen Engeln" oder der „Vertreibung aus dem Paradies") ebenfalls erzählt wird.

Die Gnostiker beschreiben eine vollkommene Gottheit, die unserem Bild der Heilen Matrix sehr gut entspricht. Neben dieser vollkommenen Gottheit sehen sie einen gefallenen Gott, den „Demiurgen". Das wiederum entspricht den verfremdeten Programmen in unserem Matrixfeld.

Dadurch entsteht natürlich in der Überzeichnung ein Dualismus von „Gut" und „Böse", der keineswegs förderlich ist. So waren die Katharer davon überzeugt, dass alles Irdische schlecht sei und dass das Heil nur jenseits der materiellen Welt, im „Himmelreich" gefunden werden könne.

Genau das bringt uns aber keineswegs weiter, da wir mit diesem Glaubenssatz unseren tatsächlichen Lebenssinn nur allzu leicht verfehlen. Heute ist in esoterischen Kreisen immer wieder von einem „Aufstieg" in eine „höhere" Welt die Rede, die bei genauer Betrachtung nichts anderes als eine Weltflucht und eine Flucht vor den eigenen persönlichen Lebensproblemen ist. Der Sinn unserer irdischen Inkarnation kann nicht darin bestehen, das Irdische abzulehnen. Denn das führt in weiterer Folge zu einer Ablehnung der Mutter Erde und ihrer Schönheit.

Der dadurch entstehende Dualismus von „Gut" und „Böse" eröffnet uns allerdings keinen Lösungsweg. Solange wir das „Böse" im Außen bekämpfen, projizieren wir all jene Themen, die wir in uns selber tragen, auf jene Probleme, die uns in unserem Leben begegnen.

Außerdem führt uns dies in der Überzeichnung zu einer Ablehnung des Irdischen. Dadurch aber verlieren wir den Zugang zu unserer Urkraft, vor allem aber den Zugang zum größten Geschenk unseres Lebens, zur sexuellen Lust und Erfüllung.

Die Ablehnung der Materie und die Flucht in eine materielose, geschlechtslose Phantasiewelt wird sicherlich nicht der Sinn unseres Evolutionsplanes sein. Diese Ablehnung führt außerdem zu einer Verurteilung der Körperlichkeit, der Sinnlichkeit, der Erotik und der Sexualität. Genau das aber entspricht einem Basisprogramm der verfremdeten, der manipulierten Matrix.

Um es hier auf den Punkt zu bringen: Sinnlichkeit, Erotik und sexuelle Lust sind die größten Geschenke der Mutter Erde an den Menschen. Eine Ablehnung dieser Kräfte, eine in uns infiltrierte Abneigung dagegen, entfremdet uns von unserer Urkraft. Ein freies, reifes und heiles Leben der Sexualkraft hingegen eröffnet uns den Zugang zur Heilen Matrix.

Wir haben uns nicht ins Irdische inkarniert, um das Irdische abzulehnen, sondern um das Irdische mit all seiner Schönheit, Lust und Erfüllung zu leben.

Dennoch spricht dieser Dualismus in uns eine Wahrheit an, auf die wir sehr intensive Resonanzen zeigen. Beschreiben wir daher diese Wahrheit mit dem Modell der Matrix. Wir leben in einer Realität, die **äußerlich** großteils durch eine manipulierte Matrix aufgebaut wird. Diese **manipulierte Matrix** beherrscht großteils unser Denken und erschafft ein umfassendes Kriegsfeld. Die Kriege, die wir im Außen im Irak, in Syrien, in Lateinamerika usw. sehen, tragen wir in uns selbst und führen wir in unserem persönlichen Leben genauso. Die persönlichen Kriegsschauplätze zeichnen sich in den alltäglichen Konkurrenzkämpfen am Arbeitsplatz, in den Gerichtssälen und zwischen den Ehepartnern ab.

Besonders in der Liebe herrscht dieser Krieg, den wir gutheißen, da wir entsprechend den Programmen der kranken, manipulierten Matrix funktionieren.

Auf der anderen Seite existiert **in uns selbst, in allem Leben, in allem Sein die Heile Matrix**. Diese ist weder manipulierbar, noch zerstörbar. Sie trägt den Evolutionsplan in sich, den persönlichen Seelenplan, den Entwicklungsplan der Weltenseele. Sie ist eins mit dem Evolutionsplan auf allen Ebenen. Diese Heile Matrix befindet sich in uns selbst und verbindet uns mit allem, was uns umgibt. Aufgrund der Urkraft dieser Heilen Matrix sind wir keine isolierten Individuen, sondern ein innig miteinander und ineinander verwobenes Kollektiv.

Die verfremdete Matrix ist das Schattendasein des Höhlenmenschen.

Die Heile Matrix entspricht dem befreiten Leben auf allen Ebenen.

Der Weg zu einem Leben in dieser Heilen Matrix besteht gemäß der gnostischen Lehre aus der Erkenntnis. Wenn wir sowohl die manipulierte Matrix, als auch die Heile Matrix begreifen und erkennen, werden wir frei.

Dazu ist es allerdings absolut wichtig zu erkennen, dass sich die verfremdete Matrix keineswegs bloß außerhalb von uns befindet! Wir sind von dieser verfremdeten Matrix, vom „Demiurgen", umgehend infiltriert und unser Denken ist von diesen verfremdeten Programmen derart durchwoben, dass wir diese Fehlprogramme sogar vehement verteidigen. Wir attackieren jeden, einschließlich uns selbst, der es wagt, den Programmen der verfremdeten Matrix nicht zu entsprechen. **Wir selbst sind die Wächtern der eigenen Gefangenschaft**, sobald es jemand wagt, das Schattendasein zu verlassen und aus der Höhle herauszutreten. Doch auch hieraus befreit uns die **Erkenntnis**. Sobald wir diese Wahrheit, dass wir selbst Wächter sind, akzeptieren, wird es uns möglich, diese **Wächterprogramme in uns selbst zu beobachten**. Und genau diese Beobachtung vertragen die Wächterprogramme am allerwenigsten. **Die Programme der manipulierten Matrix sind Schattenprogramme, die im geistigen Licht der Beobachtung verblassen!**

Es bleibt nun nach wie vor die Frage im Raum, wer denn diese verfremdete Matrix erschaffen hat. Laut den Gnostikern handelt es sich dabei um Jahwe, den Demiurgen, um jenen Gott, den auch die katholische Kirche anbetet. Um es hier nochmals klarzustellen: Der Gott, der Demiurg, ist der dunkle Gegenspieler jener vollkommenen Gottheit, die von Jesus Christus als „Vater im Himmel“ angerufen wurde.

Wagen wir es nun,
folgende These aufzustellen:

Der Demiurg hat seine Verbündeten. In der transzendenten Welt sind es die ihm dienenden „Engel“, unter den Menschen sind es die von „Gott“ auserwählten „Propheten“. Diese Engel des Jahwe verbünden sich gegen jene Energien der Mutter Erde, die wir als Landschaftsengel, Geister der Berge, Engel des Lebens, persönliche „Schutzengel“, Engel der sexuellen Lust usw. kennen. Während

Die Frage, welche sich aus der Weltanschauung der Gnostiker ergibt, ist folgende:

Wurden wir tatsächlich von einer fremden Kraft, von einem Demiurgen manipuliert und von unserer wahren Natur und unserem tatsächlichen Evolutionsplan entfremdet? Oder ist diese manipulierende Kraft eine vom Menschen selbsterschaffene Geisteskraft, die eine eigene, verselbständigte Intelligenz besitzt?

die machtorientierten und jahwetreuen „Engel" stets „von oben" kommen, stammen die Engel der Mutter Erde aus dem Inneren des Lebens, aus dem Wesen des Lebens und aus der Evolutionskraft der Weltenseele.

Diese These ist natürlich zutiefst „blasphemisch" und bringt etliche Weltbilder ins Wanken. Dennoch möchte ich diese Gedanken hier einfach in den Raum stellen. Denn wenn wir die Manipulationen in der Matrix tatsächlich erkennen wollen, müssen wir genau das tun, nämlich Weltbilder (und vor allem religiöse Weltbilder) hinterfragen!

Haben die Gnostiker
nun damit tatsächlich recht?

Kommt dieser manipulierende „Gott" tatsächlich von außen, wie ein verwirrter ET, der die Weltherrschaft erringen will? Oder ist das, was wir diesem Demiurgen zuschreiben, selbstgemacht, eine vom Menschen selbst erschaffene Macht, eine vom Menschen selbsterschaffene Geisteskraft mit einer eigenen Intelligenz, die sich verselbständigt hat?

Im Film „Die Matrix" wird jedenfalls diese manipulierte Matrix von intelligenten, einst von Menschen selbst erschaffenen Maschinen kreiert.

Die tatsächliche Antwort darauf wird wahrscheinlich sowohl das eine, als auch das andere sein. Ich persönlich gehe tatsächlich davon aus, dass die menschliche Weltenseele von einer anderen Geisteskraft infiltriert wurde und sich danach selbst, aus eigener Kraft, weitere machtorientierte, manipulierende Vasallen („Götter“ oder „Engel“) erschaffen hat. Selbst unter den Menschen sind die Vertreter des Demiurgen sicherlich zugegen. Auch das entspricht einem archetypischen Mythos der menschlichen Geistesgeschichte. Immer wieder finden wir Geschichten, in denen der „Teufel“ einem Menschen alle Macht auf Erden verspricht, wobei der Preis dafür stets die Seele dieses Menschen ist. Wenn es eine geheime Weltregierung gibt, dann steht diese mit jenem demiurgischen Jahwe im Bunde.

Dass es in der Geistesentwicklung des Menschen tatsächlich einen ziemlich abrupten Knick gegeben hat, offenbart uns ein Blick in unsere Urgeschichte.

Die neolithische (jungsteinzeitliche) Kultur war eine hochstehende Friedenskultur, darüber sind sich die Archäologen weitestgehend einig. Die Menschheit erlebte in dieser Zeit einen tiefen sozialen Frieden und einen nachhaltigen, umfassenden Weltfrieden. Es war uns gelungen, alltägliche Konflikte nachhaltig zu lösen und eine weltumspannende Friedenskultur zu etablieren. Doch dann, etwa um 3100 v. Chr., gibt es einen plötzlichen und eigentlich unerklärbaren Knick. Die Idee des persönlichen Besitzes, des Landbesitzes und der individuellen Isolation wurde hier geboren. Und damit kam es plötzlich zu ersten Kriegszügen und allmählich zum Aufbau der ersten Weltimperien. Die Idee des Krieges begann den Geist des Menschen zu beherrschen. Und diese Kriege wurden von den Göttern befohlen, wie wir im Alten Testament sehr gut nachlesen können.

Die Geschichtsschreibung bezeichnet diese Imperien (Babylonien, Ägypten, Rom usw.) stets als „Hochkulturen". Diese Meinung kann ich allerdings keineswegs teilen, da diese Machtimperien stets Kriegskulturen waren.

Wir sehen nach der neolithischen Friedenskultur tatsächlich einen direkten Zusammenhang zwischen dem Aufkommen der Götter, der Erfindung des Monotheismus und den immer heftiger betriebenen Eroberungsfeldzügen. Der alleinige Machtanspruch kriegerischer Völker auf gewisse Territorien geht einher mit Verehrungsanspruch der Götter und mündet in den alleinigen und ausschließlichen Verehrungsanspruch eines einzigen Gottes, der vor allem im Monotheismus des Demiurgen Jahwe zum Ausdruck kommt. Stammt also die Idee des Krieges von Jahwe, dem Demiurgen, oder von mehreren Göttern, die von uns angebetet werden wollen und uns die heiligen Kriege befehlen?

Sind wir von einem oder mehreren Göttern tatsächlich infiltriert?

Manipulierten der Demiurg und andere Götter die Matrix unserer Realität derart massiv, dass wir uns zu einer aggressiven Spezies entwickelten?

Die Wächter

Fokussieren wir nun unseren Blick auf die „Wächter“, auf ihre Methoden und auf ihre Wirkungsweise. Wir tun dies aus gutem Grund, da ein klarer Blick darauf und ein Erkennen ihres Wirkens uns aus deren Machtzugriffen befreit.

Ich habe schon mehrfach darauf hingewiesen, dass wir selbst die Wächter sind. Wir, die im Schattendasein gefangenen, wachen darüber, dass niemand sich daraus befreit.

Wer hat diese Wächter in uns etabliert, wer hat sie mit einer derartigen Macht ausgestattet?

Ein erstes sehr klares Bild darüber liefert uns das Alte Testament in der Geschichte des Moses und des Goldenen Kalbes. Während Moses sein Volk in der Wüste alleine lässt, um mit dem Demiurgen Jahwe zu sprechen, feiert das Volk ein sinnliches Freudenfest, das durch das Goldene Kalb symbolisiert wurde. Als Moses zurückkehrt, befiehlt ihm Jahwe, Tausende Menschen aus dem eigenen Volk zu ermorden. Das „Vergehen" bestand darin, dass sich das Volk nur für einen Moment lang aus den Machteinflüssen des Jahwe entfernt und sich einer anderen Kraft, dem Goldenen Kalb, zugewandt hatte.

Die Ermordung Tausender aus dem eigenen Volk, unter ihnen Frauen und Kinder, tränkt den Wüstenboden mit Blut. Und die Mörder, das ist hier der springende Punkt, kommen aus dem eigenen Volk! Männer aus dem eigenen Volk werden zu Mördern der Nachbarn, der Freunde, der eigenen Frauen und Kinder, nur weil ein irrer Demiurg das befiehlt. Die Wächter kommen nicht von außen, von weither, sie sind keine Fremden, sondern sie kommen direkt aus dem eigenen sozialen Umfeld. Dieser Wahnsinn ist „gottbefohlen“. Und dieser Wahnsinn funktioniert.

Am Ende dieses Massenmordes heißt es, dass „der Segen Jahwes“ über die Mörder ausgebreitet wird.

Hier der Originaltext, Buch Exodus, Vers 26 bis 29:

> *„Moses trat an das Lagertor und sagte: Wer für den Herrn ist, her zu mir! Da sammelten sich alle Leviten um ihn. Er sagte zu ihnen: So spricht der Herr, der Gott Israels: Jeder lege sein Schwert an. Zieht durch das Lager von Tor zu Tor! Jeder erschlage seinen Freund, seinen Bruder, seinen Nächsten. Die Leviten taten, was Mose gesagt hatte. Vom Volk fielen an jenem Tag 3000 Mann. Dann sagte Mose: Füllt heute eure Hände mit Gaben für den Herrn! Denn jeder von euch ist heute gegen seinen Sohn und seinen Bruder vorgegangen, und der Herr hat Segen auf euch gelegt.“*

Die Ermordung jener, die sich nicht dem alleinigen Machtanspruch des Demiurgen beugen, zieht sich als grausame Blutspur durch unsere Geschichte.

So wurde die weise und schöne Philosophin Hypatia aus Alexandria im März des Jahres 415 oder 416 von den Handlangern des katholischen Bischofs Kyrill grausam ermordet, weil sie es gewagt hatte, Fragen zu stellen. Sie hatte es gewagt, aus dem Schattendasein herauszutreten, die Matrix hinter der Kulisse zu erkennen und ihre Erkenntnisse zu äußern. Sowohl die Denunzianten, als auch die Mörder, also die „Wächter", kommen aus ihrem direkten sozialen Umfeld.

Der Initiator dieses Mordes, der alexandrinische Bischof Kyrill, wurde übrigens von der katholischen Kirche heilig gesprochen.

Der im 13. Jahrhundert erfundenen Inquisition fielen Tausende „Ketzer" und Abertausende „Hexen" zum Opfer. Die Wächter über den „rechten Glauben" entspringen dabei wieder dem direkten sozialen Umfeld der Opfer. Denunziation oder bloße Mutmaßungen reichten bereits aus, um in die Hände der inquisitorischen Mörder zu fallen.

Die Wächter kommen auch hier aus dem eigenen Umfeld, sind Nachbarn, Freunde oder sogar Verwandte des Opfers!

All das ist aber keineswegs bloß Geschichte des Altertums und des Mittelalters. Die Wächter, also wir selbst, sind auch heute aktiv. Sie verwenden lediglich andere Waffen und wenden ihre Gewalt in subtilerer Weise an.

Die Methoden der Wächter unseres alltäglichen Lebens bestehen aus Verleumdung, Diffamierung, Mobbing am Arbeitsplatz usw. Wenn wir böse über jemanden reden, beginnen wir ein Feld aufzubauen, eine allgemeine Meinung über einen Menschen zu bilden, die ihn von seinem sozialen Netz zu isolieren sucht. Diese subtilen Methoden unserer Zeit sind kaum weniger grausam, als es die direkte Gewalt in früheren Zeiten war, da z. B. Mobbing zum Verlust des Arbeitsplatzes und zu wirtschaftlicher Not, Krankheit oder gar zu Suizid führen kann.

Um hier ein konkretes Beispiel zu nennen: Eine Gruppe von Menschen aus Deutschland, die ich persönlich gut kenne, hatte es gewagt, Fragen zu Liebe und Sexualität sehr direkt zu äußern. Diese Menschen wagten es, das Hollywoodklischee der „seligmachenden“ exklusiven „Liebe“ in Frage zu stellen. Sie wagten es aufzuzeigen, dass der exklusive sexuelle Besitzanspruch in der Partnerschaft das Fließen der in jedem von uns vorhandenen Urkraft, nämlich der Erotik und Sexualität, zum Versiegen bringt. Sie wagten es, neben der

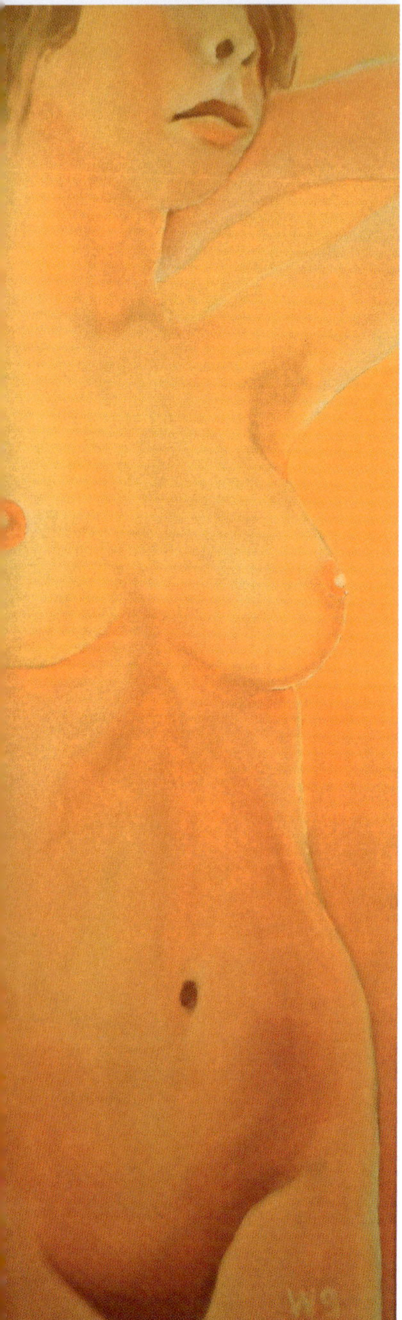

sexuellen Exklusivität in der Liebe eine Gegenthese zu formulieren, nämlich die These der „freien Liebe". Die Wächter der Gesellschaft reagierten darauf mit einer gnadenlosen Vehemenz. Es wurden Sektengerüchte verbreitet, Verleumdungskampagnen über Medien (vor allem Zeitungen) gestartet und dieser Gruppe von frei denkenden Menschen sowohl auf emotionaler Ebene, vor allem aber auf wirtschaftlicher Ebene das Wasser abgegraben.

Eine deutlich weniger dramatische persönliche Geschichte erzähle ich hier als weiteres Beispiel. Ich hatte im Mai 2011 beschlossen, meinem Herzenswunsch nachzugeben und mich wieder der Malerei hinzugeben. Ich male seit gut 30 Jahren und sehe dies als persönliche Bestimmung an. Nachdem die Venus mit all ihren Facetten ein zentrales Thema für mich ist, habe ich dieses Thema in meine neuen Bilder (Ölgemälde) einfließen lassen. Die Venus erzeugt durch ihren planetaren Tanz mit der Erde seit Äonen ein Kraftfeld, das mit Liebe, Schönheit und erotischer Sinnlichkeit zu tun hat.

Ich begann daher sehr ästhetische venusische Aktgemälde zu malen, welche die Schönheit der Erotik und der Sexualität deutlich zum Ausdruck bringen. Dann, Anfang Dezember 2011, präsentierte ich diese Gemälde der Öffentlichkeit.

Und die Wächter wurden aktiv. Der Widerstand gegen die Darstellung der Schönheit in der Sexualität kam vor allem aus meinem persönlichen sozialen Umfeld und aus „esoterischen" Kreisen. Es wurde die Waffe der Diffamierung gegen mich eingesetzt und es wurde subtil und vehement versucht, mir die Interessenten meiner Bücher und Produkte abzuziehen.

Ich hatte zwar genau das erwartet, war aber aufgrund der Subtilität dieser Angriffe doch betroffen.

In beiden Beispielen geht es natürlich um Liebe, Erotik und Sexualität. Solange wir nach außen hin die Sexualität als etwas „Schmutziges" betrachten und sie nur im Geheimen leben, ist alles in Ordnung. Wird diese Urkraft allerdings thematisiert, werden die gesellschaftlichen Wächter sofort aktiv!

Wo existieren sie, diese Wächter?
Sie leben in uns selbst. Wenn wir die Matrix und damit die Realität der leidenden Menschheit und des leidenden Planeten verändern wollen, müssen wir diesen Wächtern in uns selbst ins Auge blicken. Solange wir uns daran vorbei schleichen, wird es keine bessere Welt und schon gar keinen Frieden auf dieser Erde geben können.

Die Wächter leben in unseren Programmen, in unseren Glaubens- und Verhaltensmustern. Diese Glaubensmuster wurden der menschlichen Weltenseele seit Jahrtausenden und dem einzelnen Menschen seit seiner Geburt implantiert. Filme, Medien und Religionen erklären uns, was wir zu glauben und wie wir zu fühlen und zu lieben haben. Wir befinden uns gefangen in der Schattenwelt und sind auf die Schattenspiele konditioniert. Wir „wissen" ganz genau, was in diesen Schattenspielen gut und was böse ist.

Sobald ein Mensch (oder gar eine Gruppe von Menschen) es wagt, dies zu hinterfragen, werden wir selbst als Wächter aktiv und suchen diesen Störfaktor zu isolieren oder zu vernichten. Das war in der Antike der Fall, das war im Mittelalter der Fall und das hat sich bis heute nicht im Geringsten verändert.

Die Wächter sind in uns angelegte Prägungen, die massive Macht über uns, über unser Leben und über unsere Befindlichkeit ausüben. Diese Wächter sind allerdings nur solange mächtig, solange wir sie nicht erkennen. Die Wächter sind Schattenwesen. Das Licht der Erkenntnis lässt sie verblassen und befreit die Urkraft in uns.

Wo also liegt der Ausweg?

Die Lösung ist sehr einfach und sehr einschneidend zugleich. Sie liegt im **Erkennen. Das erkennen der Wächter in uns selbst nimmt ihnen sämtliche Kraft!** Erkenntnis ist ein Prozess des Lichtes. Wenn ich etwas ausleuchte, erkenne ich es. Die Wächter in uns sind Produkte der Schattenwelt und der Schattenspiele. Wie erschreckend und angsteinflößend die Schattengestalt des Wächters an der

Rückwand der Höhle auch sein mag, sobald wir diesen Schatten ausleuchten, verliert er gänzlich seine Macht über uns. Dieser Erkenntnisweg verlangt aber unsere innere Bereitschaft dazu, die Bereitschaft, diese Wächter *in uns selbst* überhaupt entdecken zu wollen. Sie sind in unserem „zweiten Bewusstsein", auf das ich später noch genauer eingehen werde, implantiert.

Ob uns diese Wahrheit gefällt oder nicht, wenn wir auf unseren Entwicklungswegen weiterkommen wollen, müssen wir dies akzeptieren. Wenn wir uns von diesen Wächtern aber befreien, eröffnet sich uns eine schier endlose Quelle an neuen Energien.

Übung zur Befreiung von den Wächtern

Die **Übung zur Befreiung von den Wächtern** ist sowohl einfach, als auch effektiv!

Sobald wir emotional heftig auf jemanden reagieren, sobald wir das, was dieser Mensch tut, als „unmoralisch" oder falsch beurteilen und sobald wir diesen Menschen und sein Verhalten verändern wollen, können wir davon ausgehen, dass in uns die Wächter aktiv geworden sind.

Wenn du in solch einer Situation in die Rolle des **Beobachters** gehst, hast du bereits gewonnen! Beobachte die Verhaltensmuster in dir, beobachte deine Wut, dein emotionales Aufgewühltsein, aus einer wertfreien Position. Beobachte es einfach, ohne den hunderten Argumenten, die dir erklären, warum du recht hast, einen Wert zu geben. Beobachte, ohne das, was du denkst, zu bejahen. Schau dir zu, was du denkst. Du hast mit deinen Gedanken weder recht, noch unrecht. Das bist in Wirklichkeit gar nicht du selbst, der hier denkt, sondern der in dir aktiv gewordene Wächter.

In diesem Moment **erkennst du den Wächter in dir**. Und das mögen diese Wächter gar nicht. Sie verlieren sofort ihre Kraft und verblassen.

Du hörst so allmählich auf, jenen Menschen, den du gerade noch verurteilt hast, verändern zu wollen. Du beginnst dein Gegenüber so zu belassen, wie er oder sie eben ist.

Und du hörst vor allem auf, der Sklave deiner eigenen Wächter zu sein! Wenn du diesen Wächtern in dir mehr und mehr die Kraft nimmst, kommst du immer stärker und strahlender in deine eigene Energie. Du wirst zu jenem strahlenden Wesen, das du in Wahrheit bist. Und du veränderst dadurch die Matrix deines eigenen Lebens, da du die Urkraft deiner Heilen Matrix wieder befreit hast!

Angstfelder

Wir haben von der Urkraft der Heilen Matrix gesprochen und erkannt, dass darüber ein zweites Matrixfeld liegt, das manipuliert und verfremdet werden kann und wurde. In dieser verfremdeten Matrix liegt die Macht der Wächter begründet.

Ein wesentlicher Aspekt dieser Verfremdung besteht aus den umfassenden Angstfeldern, die wir in uns selbst tragen und die durch äußere Inputs verstärkt werden. Mit den Angstfeldern verhält es sich genauso, wie mit den Wächtern. Sie sind ein Produkt der Schattenspiele. Und auch hier liegt der Schlüssel zur Befreiung aus diesen Angstfeldern in deren **Ausleuchtung**, im **Erkennen**.

Sämtliche Angstfelder werden medial bestens vorbereitet und aufrecht erhalten. Wir haben Angst vor irgendwelchen Bedrohungen im Außen, vor Terroranschlägen, vor Wirtschaftskrisen, vor Geldentwertung, vor Bakterien und Viren, vor Sonnenstürmen usw. Wir sind bestens darauf konditioniert, stets im Außen eine Bedrohung zu sehen. Und wir verwenden sehr viel Zeit und Geld,

Angstfelder sind beliebte Werkzeuge der Wächter. Sie besiedeln unsere Gedanken und binden unsere Kräfte. Doch auch sie sind Schattenwesen.

Sobald wir sie beobachten, beginnen wir sie auszuleuchten.

Sobald es uns gelingt, in die neutrale Position des Beobachters zu gehen, sobald es uns gelingt, ihre hundertfach vorgebrachten „logischen“ Argumente nicht mehr zu bejahen, verlieren sie an Kraft und verblassen.

Ein angstfreies Feld ist ein befreites Kraftfeld und ein Nährboden für jene Impulse, die aus der Heilen Matrix entspringen.

um uns davor zu schützen. Wir gehen fast soweit, zu glauben, dass uns eine Lebensversicherung vor dem Tod bewahren könnte. Wie aber soll solch ein Schutz funktionieren, wenn die Ursache der Bedrohung, die Resonanz auf das, wovor wir Angst haben, in uns selber sitzt?

In letzter Zeit ist eine weitere Angst sehr modern geworden, nämlich die Angst vor der Apokalypse und vor dem Weltuntergang (der 2012 jetzt endlich kommen soll, weil er im Übergang von 1999 auf 2000 ja offensichtlich nicht stattgefunden hat). Etliche Autoren verdienen mit Weltuntergangsgeschichten ausgesprochen viel Geld, da sich solche Bedrohungsszenarien offenbar sehr gut verkaufen lassen. Wir haben auf diese apokalyptischen Botschaften offenbar ein sehr starkes Resonanzfeld in uns selbst.

Der Grund dafür ist relativ leicht erklärbar. Wenn sich jemand insgeheim den Weltuntergang wünscht, so steht die Sehnsucht nach einer neuen, schöneren Welt dahinter, die Sehnsucht nach einem wirklich erfüllenden Leben. Wenn sich jemand den Untergang des Geldsystems wünscht, hat er zumeist große oder gar unlösbare finanzielle Probleme. Angst ist das Gegenteil von Urvertrauen. Wenn sich unsere Gedanken um Ängste drehen, erschaffen wir ein Feld, das uns von den Urquellen der Kraft trennt. Diese Angstgedanken vermehren die Verfremdungen in der Matrix, sowohl im großen kollektiven Feld, als auch im eigenen persönlichen Leben. In den sich ausbreitenden Angstfeldern ist die Wahrscheinlichkeit für Schicksalsschläge, für Krankheit und Misserfolg um ein Vielfaches höher, als in einem gesunden Kraftfeld.

Leider ist die Verbreitung solcher Angstfelder besonders in esoterischen Kreisen sehr modern geworden. Ich erzähle dazu einen konkreten Fall, der sich vor wenigen Monaten zugetragen hat.

Am 26. Juni 2011 begann die Fußball WM der Frauen. Das Eröffnungsspiel der deutschen Frauenmannschaft fand um 18 Uhr im ausverkauften Berliner Olympiastadion gegen Kanada statt. Wenige Wochen vor diesem Großereignis erhielt ich etwa 100 Emails mit Betreffs wie „nur noch 21 Tage für Berlin“ oder „rettet Berlin“.

In diesen Emails wurde behauptet, dass aus „sicherer Quelle“ bekannt geworden sei, dass während dem Eröffnungsspiel im Olympiastadion ein terroristischer Anschlag stattfinden werde. Es sei so gut wie sicher, dass im Stadion während dem Spiel eine Atombombe gezündet werde! Es gab sogar ein computeranimiertes Video, das die verheerenden Auswirkungen solch eines Anschlages detailliert zeigte.

Der Aufruf der Emails bestand darin, dafür zu meditieren, dass dies verhindert würde. Diese Botschaft sollte weitergeleitet und millionenfach verbreitet werden.

Ich möchte hier über niemanden urteilen, der sich an der Verbreitung dieser Information beteiligt und der an solch einer Meditation teilgenommen hatte. Ich möchte hier aber klarmachen, was dadurch geschieht.

Solch eine Botschaft löst klarerweise Ängste aus. Auch eine Meditation gegen etwas verstärkt in Wirklichkeit genau das, wogegen sie sich richtet. Eine Meditation oder eine Demonstration gegen den Krieg fördert das Kriegsfeld (wohingegen eine Aktion für den Frieden eben den Friedensgedanken mehrt).

Durch diese Fußball-WM-Aktion wurde nicht nur das Angstfeld vermehrt, sondern auch das Feld für Anschläge und Attentate genährt. Diese Aktion hat die Wahrscheinlichkeit für ein tatsächlich stattfindendes Attentat deutlich erhöht.

Weniger als ein Monat später fand dann tatsächlich ein verheerender Anschlag statt. Im Regierungsviertel von Oslo wurde von einem rechtsextremen Attentäter am 22. Juli kurz vor 15 Uhr 30 eine Bombe gezündet, diese tötete 7 Menschen und richtete einen verheerenden Sachschaden an. Wenig später erschoss derselbe Mann auf der 40 km nordöstlich von Oslo gelegenen Insel Utöya 68 Jugendliche in einem Jugendcamp.

Der fiktive Anschlag in Berlin und das tatsächliche Attentat in Oslo haben auffallend viele parallele Muster. Der fiktive Anschlag hätte sich in der deutschen Hauptstadt ereignen sollen, der tatsächliche fand in der norwegischen Hauptstadt Oslo statt. Bei beiden geht es um das Zünden einer Bombe.

Während es sich in Berlin um ein Fußballspiel handelte, ging es in Oslo um die Spiele in einem Jugendcamp. Nicht nur wegen dieser parallelen Muster bin ich mir heute sicher, dass diese beiden Ereignisse, die über das Internet verbreitete Fiktion und der tatsächliche Anschlag, zusammenhängen.

Um es klar auf den Punkt zu bringen: Durch die Verbreitung des fiktiven Attentatszenarios in Berlin hatte sich das Wahrscheinlichkeitsfeld für einen tatsächlichen Anschlag derart erhöht, dass die Wahnsinnstat in Norwegen realisiert werden konnte.

Ich betone hier nochmals, dass ich niemanden, der oder die mir dieses Email zugesandt oder sich an der „Gegenmeditation“ beteiligt hat, be- oder gar verurteile. Es sollte uns nur klar werden, dass uns die Angstprogramme des Schattendaseins übertölpeln, wahrscheinlich tagtäglich.

Die Angstprogramme sind nichts anderes als die Programme der Wächter in uns selbst. Wenn wir auf apokalyptische Botschaften in Resonanz gehen oder Ängste in uns selbst wahrnehmen, sind eben diese Wächter aktiv. Und da sollten wir uns zu helfen wissen!

Wenn wir eine Resonanz auf Ängste in uns wahrnehmen, befreien wir uns daraus dadurch, dass wir diese Ängste und die Fülle an Gedanken, die diese Ängste erklären und als „berechtigt“ erscheinen lassen, beobachten. In der **Position des neutralen Beobachter** erkennen wir diese Ängste, wir richten dadurch den **Lichtstrahl der Erkenntnis** auf dieses Schattenspiel.

Wenn wir diese Gedanken dann in uns selbst bloß beobachten, ohne sie zu bewerten, ohne sie zu bejahen, nehmen wir ihnen die Kraft, entziehen wir ihnen die Energie. Angstfelder nähren sich on unserer mentalen Zustimmung und von unseren Emotionen, die darauf anspringen. Das bewusste Einnehmen der Rolle des neutralen und wertfreien Beobachters entzieht ihnen den Nährboden. **Beobachte deine Angstgedanken und sei dir gewiss, dass dies nicht deine eigenen Gedanken sind!**

Wenn diese Angstfelder verblassen, gewinnt die reine Energie in dir immens an Kraft!

Die Heile Mitte

Wir haben nun wiederholt von der Heilen Matrix und von der manipulierbaren und manipulierten Matrix gesprochen.

Dieses Bild ist ein hervorragendes Modell, um den Aufbau der Matrix zu verstehen und um Heilungsprozesse sowohl in unserem persönlichen Leben, als auch in unserem sozialen Umfeld zu initiieren.

Die **Heile Matrix** ist immanent. Sie stellt die geistige Mitte dar von jedem Individuum, jeder Gemeinschaft, jedem Kollektiv, jedem Planeten, jedem Sternensystem, jeder Galaxie und jedem Universum. Diese Mitte trägt das heile Basisprogramm, das in der gnostischen

Lehre als das vollkommene Göttliche bezeichnet wird.

Dieses Basisprogramm beinhaltet stets die Urkraft der Evolution, der Entfaltung, der Entwicklung. Das Evolutionsprogramm des Individuums ist widerspruchsfrei und innig verwoben mit dem Evolutionsprogramm jenes kollektiven Umfeldes, dem es angehört. Der Evolutionsplan des Einzelnen fördert und belebt stets das Evolutionsprogramm des Ganzen. So ist z. B. unser persönlicher Lebensplan Teil des größeren Entwicklungsplanes unserer Ahnenreihe.

Die Heile Matrix ist immanent. Wir sind über diese Heile Matrix mit allem **von Mitte zu Mitte** verbunden, mit allem, was uns umgibt. Das ist der Stoff, aus dem heraus die große Weltenseele sich entfaltet.

Die uns innewohnende Heile Matrix ist weder manipulierbar, noch zerstörbar. Sie ist vollkommen und die Urquelle der Kraft. Aus dieser inneren Heilen Matrix entspringt jede Heilkraft und jedes Heilungsbild. Dieser Kern, diese mittebildende Heile Matrix, baut um sich herum ein sie umgebendes **Matrixfeld** auf. Vergleichbar ist dieses Modell mit der Gestalt der Erde, wobei das Zentrum des Planeten der inneren Heilen Matrix entspricht und das Magnetfeld der Erde mit dem daraus entstehenden Matrixfeld vergleichbar ist.

Während die Heile Matrix unmanipulierbar den in ihr angelegten Evolutionsplan ausstrahlt, kann das daraus hervorgehende Matrixfeld sehr wohl programmiert, manipuliert und verfremdet werden. Und das ist offenbar in sehr dramatischer Weise geschehen.

Beide, die immanente Heile Matrix und das sie umgebende Matrixfeld tragen Programme in sich, welche unsere Realitäten erzeugen. Der Begriff „Matrix" ist in diesem Zusammenhang sehr treffend. Er hat seine Sprachwurzel im romanischen „Mater", Mutter. Die Matrix ist dementsprechend die gebärende Mutter und gleichzeitig der geistige Urgrund für unsere gesamte Realität, für unsere stoffliche Wirklichkeit genauso, wie für unsere persönlichen Lebensumstände.

Die Struktur der realitäterschaffenden Matrix ist mit dem Modell des heilen Kernes und dem daraus entstehenden, den Kern umgebenden Feld am besten beschrieben. Wenn nun das umgebende Matrixfeld manipuliert und entfremdet wird, entstehen Störungen und Schattenspiele. Diese Störungen führen dazu, dass sich das Matrixfeld eintrübt, seine Klarheit verliert und den Zugang zum heilen Kern erschwert. Genau in dieser

Illustration aus dem Buch „Liber Divinorum Operum“ von Hildegard von Bingen.

Situation befinden wir uns jetzt. Die Wächter und ihre Angstspiele sind der Stoff, aus dem diese Trübung besteht.

Der Kern allerdings bleibt stets heil.

Wenn wir das Licht der Erkenntnis einsetzen, klären wir das Matrixfeld, zumindest zeitweise. Der Zugang zur Heilen Mitte wird dadurch wieder eröffnet, sodass die von dort stammenden Heilungsimpulse das Gesamtsystem wieder in seine geheilte Form bringen können.

Das ist das große Geschenk,
das der Kosmos für uns bereithält.

Die Heile Matrix und ihre mächtige Heilkraft waren seit jeher bekannt. So sahen Sokrates und Platon im Erkenntnisprozess, in der Befreiung aus dem Schattendasein der Höhle, den Weg zur Heilen Matrix. Die gnostischen Lehren haben diese Heile Matrix als das Licht der vollkommenen Gottheit bezeichnet. In der hinduistischen und buddhistischen Kultur wurden Mandalas als Hilfsmittel verwendet, um in das Licht der eigenen inneren Mitte zurück zu finden. Und in einem Buch, das im 12. Jahrhundert Hildegard von Bingen geschrieben hatte, im Liber Divinorum Operum, finden wir eine interessante Zeichnung, die den gesunden Menschen inmitten der Strahlkraft seiner Heilen Matrix darstellt.

Die Matrix in der Natur

In den folgenden Kapiteln wird es darum gehen, die Heile Matrix in uns selbst anzusprechen, um dort die Heilkräfte freizusetzen. Diese Heilkräfte haben die Macht, die manipulierenden Programme in unseren Matrixfeldern zu korrigieren. Die heilen Gestalten und heilen Strukturen der Heilen Matrix befinden sich seit jeher im Einklang mit dem großen Evolutionsplan. Dieser Evolutionsplan ist die Urkraft des Universums. Wenn es uns gelingt, diese Urkraft in uns selbst zu erkennen und zu aktivieren, können wir die manipulierten und entfremdeten Programme in uns sehr nachhaltig korrigieren.

Die Aktivierung der eigenen Heilen Matrix hat nicht nur einen positiven Effekt auf das persönliche Leben des einzelnen, sondern vor allem auch einen weitreichenden Heilungseffekt auf das Kollektiv, auf die große Weltenseele. Wenn es einem einzelnen Individuum gelingt, diese Heilkraft der Heilen Matrix in sich selbst zu entfalten, wirkt dies auf das Ganze ein, auf das kollektive Feld der Menschheit und des Planeten Erde. Gelingt dies einer größeren Anzahl von Menschen zeitgleich, so vervielfacht sich dieser kollektive Heilungseffekt durch eine sich auslösende Kettenreaktion und wird feldbestimmend.

Wenn wir in der Lage sind, das Geheimnis der Heilen Matrix zu erkennen, können wir ihre innere Struktur abbilden, sie in eine Form bringen und ihre inneliegende Kraft sichtbar machen. Wir erhalten dadurch ein Werkzeug, mit dem wir die in uns existierenden heilen Gestalten ansprechen und aktivieren werden.

Die „Litterae Ignotae" von Hildegard von Bingen
Siehe auch: Traude Bollig „Hildegard von Bingen. Die Heilkraft ihrer Symbole"
ISBN 978-3-902280-99-2

Vergleichbar ist dies mit der Einnahme von ein paar homöopathischen Globuli. Diese in der Masse gesehen geringe Heilungsinformation ist in der Lage, den gesamten Organismus eines Menschen zu heilen!

Wir stellen uns nun also die Frage, wie wir die Heile Matrix in uns selbst ansprechen und aktivieren können. Wir haben bereits die **Erkenntnisprozesse**, das Licht des Erkennens mehrfach beschrieben. Ein weiterer Zugang zur Heilen Matrix besteht darin, sie über Bilder und Symbole zu aktivieren. Auch das ist eine immer wieder angewandte Methode, die in der Heilkunst vieler Kulturen praktiziert wurde.

Ein schönes Beispiel dafür aus dem 12. Jahrhundert sind die „Litterae Ignotae", die 23 Schriftzeichen der Hildegard von Bingen. Sie verwendete diese, um in der „Lingua Ignota", der „unbekannten Sprache" zu schreiben. Diese Lingua Ignotae war eine Sprache, die von Hildegard von Bingen verwendet wurde, um damit in eine tiefere Beziehung mit dem vollkommenen Göttlichen treten zu können. Sie selbst hat diese Sprache aus einer mystischen Schau erhalten und kannte die heilende Wirkung dieser Sprache und dieser Schriftzeichen. Wenn wir das auf unser heutiges Verständnis übersetzen, können wir sagen, dass es der Hildegard von Bingen gelungen war, auf mystischem Weg mit der Heilen Matrix in eine ungewöhnlich innige Beziehung zu gehen. Die 23 Schriftzeichen, die sie daraus entwickelt hatte, waren **Abbildungen der Strukturen der Heilen Matrix**.

Und genau das ist der Weg, den wir nun gehen werden. Wir bilden die Strukturen der Heilen Matrix ab. Wir tun dies in einer Weise, die unserem heutigen Verständnis und unserem heutigen Geist bestmöglich entspricht!

Wo können wir nun ansetzen?
Wir sprechen von jener Matrix, aus der heraus unsere Realität sich entfaltet. Die Matrix ist der Urgrund und die Urmutter, welche unsere Wirklichkeit gebiert. Das, was sie gebiert, tritt in Erscheinung, in Form eines Lebewesens, in Form eines Baumes, in Form einer Blüte, in der Gestalt des Menschen. All diese Erscheinungsformen sind Abbildungen der Matrix, sie sind ein „Ebenbild“ des vollkommenen Göttlichen.

Wir haben also im Hintergrund die unsichtbare Struktur der Matrix und im Vordergrund die sichtbare Form in der Natur. Und aus diesen sichtbaren Formen können wir Rückschlüsse auf die dahinterliegenden unsichtbaren Programme ziehen! Wenn wir also die allen

Erscheinungsformen zugrunde liegenden Strukturen begreifen, können wir die Struktur der dahinter liegenden Matrix begreifen!

Und dann werden wir noch einen Schritt weitergehen. Wir werden die erkannte Struktur abbilden. Wir werden unsere Erkenntnisse, so wie Hildegard von Bingen, in Form von Symbolen ausdrücken, damit die Strukturen der Heilen Matrix darstellen und die Heile Matrix **sichtbar machen!** Wir verwenden dazu nicht die Schriftzeichen der Hildegard von Bingen, sondern machen uns auf die Suche nach Symbolen, die unserem heutigen, modernen Geist entsprechen.

Der Goldene Schnitt

Öffnen wir nun unsere erkennenden Augen für die Erscheinungsformen in der Natur. Erforschen wir das biologische Leben, erforschen wir, wie das sich stets entfaltende zyklische organische Leben, Gestalt annimmt.

Unsere Forschungsreise wird uns sehr bald erkennen lassen, dass alles Leben auf unserem Planeten eine gemeinsame Grundstruktur aufwiest, die wir als **Goldenen Schnitt** kennen. Die Erkenntnisse über den Goldenen Schnitt wurden von Euklid von Alexandria erstmals schriftlich überliefert. Euklid lebte ca. 360 v. Chr. bis 280 v. Chr., hatte in Athen in Platons Akademie seine Ausbildung erhalten und war danach lange Zeit in Alexandria als Lehrer tätig. Er war bei seinen mathematischen Untersuchungen der **fünf** Platonischen Körper und des Pentagramms (dem **Fünf**stern) immer wieder auf diese auffallende Proportion gestoßen. Wir merken uns hier die Zahl **Fünf** vor, da sie später wieder auftauchen wird.

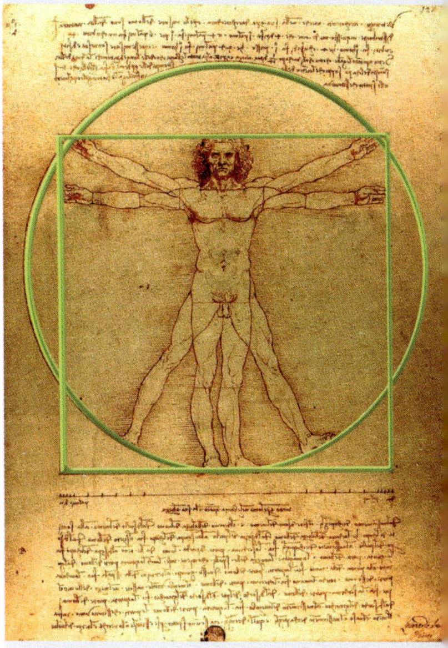

Der Goldene Schnitt in der Proportionsstudie „der vetruvianische Mensch“ von Leonardo Da Vinci aus dem späten 15. Jahrhundert.

Dieser Goldene Schnitt ist eine Proportion, ein Verhältnis zweier Strecken zueinander. Und genau diesen Goldenen Schnitt finden wir in der Natur überall, in der Länge der Knochen unserer Finger, im Verhältnis von unserer Hüfte zu Knie und Fuß, in unserem Gesicht, im Flügel des Schmetterlings, in den Blättern der Bäume, in den Windungen eines Schneckenhauses oder einer Muschel usw.

Dieser Goldene Schnitt löst in uns nachweislich sowohl Wohlbefinden aus, als auch das Gefühl von Harmonie und Schönheit. Der Goldene Schnitt ist schön, sinnlich, erotisch und im höchsten Maße venusisch. Wer sich darin vertiefen will, findet darüber ausführliche Informationen in meinen Büchern „Venus, die Heilung der Liebe“ *(ISBN: 978-3-9502439-5-6)* und „Die Blume der Liebe“ *(ISBN: 978-3-9502439-9-4)*.

Bemerkenswert ist, dass es vor allem die Zahl Fünf ist, die den Goldenen Schnitt erzeugt. Das erkennt man vor allem daran, dass das Pentagramm, der **Fünf**stern die exakte Darstellung für den Goldenen Schnitt ist.

Der Goldene Schnitt ist eine allem organischen, sich entfaltenden Leben innewohnende Struktur, die sich in den sichtbaren Formen seit jeher abbildet. Wir erkennen darin eine Struktur des organischen Lebens, das sich aus der Evolution heraus entfaltet hat, also eine Struktur der Heilen Matrix.

Wenn wir diesen Goldenen Schnitt noch weiter erforschen, treffen wir bald auf Leonardo von Pisa (1180 bis 1214 n. Chr.), der auch Fibonacci genannt wurde. Von ihm wurde mit der berühmten Fibonacci-Folge (später auch „Da Vinci Code“ genannt) die innere mathematische Struktur des Goldenen Schnittes erstmals dokumentiert.

Diese Dokumentation finden wir erstmalig in seinem Lehrbuch „Liber abbaci“, bei dem es um das Rechnen mit den indo-arabischen Zahlen und Ziffern geht.

Bei der sogenannten „Kaninchenaufgabe“, bei der es um die Fortpflanzungsrate eines Kaninchenpaares geht, sind am Rande dieser Aufzeichnung die Fibonacci-Zahlen erstmals schriftlich überliefert.

Diese berühmte Zahlenfolge lautet:

1, 1, 2, 3, 5, 8, 13, 21, 34, 55 …

Dabei ergibt sich die nächste Zahl stets aus der Summe der beiden vorangegangenen Zahlen (34 ergibt sich aus 13 + 21, 55 ergibt sich aus 21 + 34 usw.)

Das auffallende daran ist, dass sich das Verhältnis der benachbarten Zahlen zueinander (21 : 13, 34 : 21, 55 : 34 usw.) immer stärker dem Goldenen Schnitt (der Zahl 1,618) nähert.

Das bedeutet nun zusammengefasst:

Der Goldene Schnitt ist die innere Struktur allen organischen Lebens und entspringt der Heilen Matrix.

Die Fibonacci-Zahlenfolge stellt die mathematische Struktur des Goldenen Schnittes und somit eine mathematische Grundstruktur der Heilen Matrix dar.

Wenn wir nun die Struktur der Heilen Matrix darstellen und abbilden wollen, haben wir mit dem Goldenen Schnitt und der Fibonacci-Zahlenfolge ein wertvolles Werkzeug dafür gefunden!

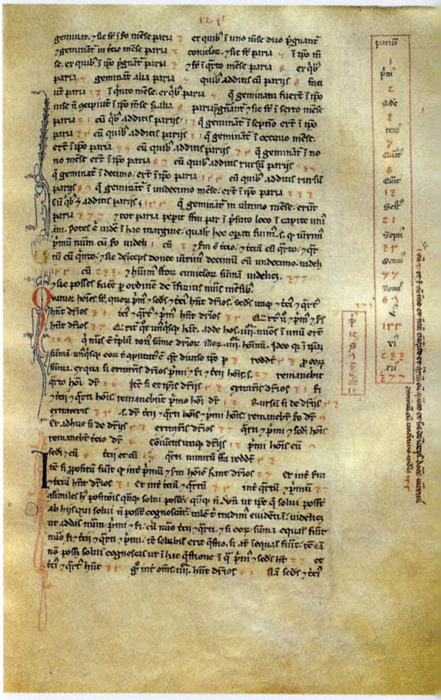

Die originale Seite aus dem „Liber abbaci“ von Fibonacci, auf der die Fibonacci-Zahlenfolge als Notiz am Rand erstmals auftaucht.

Die Symbolik der Zahlen

Wagen wir es nun, über das herkömmliche naturwissenschaftliche Verständnis hinauszugehen! Die Naturwissenschaft, wie sie heute betrieben wird, erklärt die Vorgänge in der Natur dadurch, dass sie beschreibt, wie etwas funktioniert. So kann z. B. die Wirkung der Gravitationskraft ganz genau berechnet werden. Wir wissen dadurch exakt, was passiert, wenn wir einen Gegenstand aus einer beliebigen Höhe fallen lassen. Wir wissen, wie schnell er sich beschleunigt, wie lange er bis zum Aufprall am Boden brauchen wird, welche Geschwindigkeit er dabei haben wird, welche Geschwindigkeit er zu jedem x-beliebigen Zeitpunkt haben wird usw.

Die Naturwissenschaft kann uns aber nicht einmal ansatzweise erklären, warum es die Gravitation überhaupt gibt, warum große Körper wie der Planet Erde andere Körper überhaupt anziehen.
Derart verhält es sich ausnahmslos mit allen Naturphänomenen, die von unserer heutigen Wissenschaft erforscht und beschrieben werden. Das ist allerdings, gelinde gesagt, in höchstem Maße unbefriedigend.

Die Wissenschaften haben bezüglich der dahinter liegenden Struktur, bezüglich der zugrunde liegenden Programme, also bezüglich der Matrix einen gravierenden „blinden Fleck“. Das liegt wohl daran, dass die Matrix, aus der heraus die Realität sich entfaltet, einfach da ist, für sich existiert, nicht manipulierbar ist und sich gerade deshalb den Untersuchungsmethoden unserer Wissenschaft gänzlich entzieht.

Das Weltbild, das aus diesem Wissenschaftsverständnis entsteht, deutet die Naturgesetze als zufällig und willkürlich entstandene „Rahmenbedingungen“. Sie erklärt lediglich jene Schattenspiele, die sich auf der Rückwand der Höhle abspielen. Diese erklärt sie ziemlich gut, auch wenn sie dabei, wie z. B. in der Quantenphysik, durch die dort auftretenden Paradoxa ihre eigene Grenzen erkennen muss.

Das wissenschaftliche Weltbild der zufälligen Willkür haben wir wie religiöse Dogmen derart in uns integriert, dass wir die Frage nach dem, was dahinter steht, kaum mehr stellen. Dies erschwert uns das Heraustreten aus dem Schattendasein der Höhle und den Blick dahinter, dies behindert förmlich das Erkennen der Matrix.

Darum wagen wir es nun, aus diesem Zufallsweltbild herauszutreten, wobei wir dafür eine sehr wissenschaftliche Methode, nämlich die Mathematik anwenden.

Wir wagen es nun, Zahlen nicht als zufällige Produkte einer willkürlich entstandenen Welt zu betrachten, sondern ihnen eine Bedeutung zuzuordnen.

Wenn es z. B. genau 20 Aminosäuren sind, aus denen heraus das gesamte biologische Leben unserer Erde aufbaut, dann geben wir dieser Zahl 20 eine Bedeutung.

Wenn wir das tun, werden wir erstaunt feststellen, dass wir dadurch das Geheimnis der Heilen Matrix zu entschlüsseln beginnen!

Das Schöne an der Mathematik liegt darin, dass sie Strukturen und Zusammenhänge höchst komplexer Natur völlig exakt darstellt und dabei absolut wertfrei bleibt. Sie ist wohl jene Wissenschaft, die es am ehesten wagt, hinter die Kulissen zu blicken und der Matrix nahe zu kommen.

Ich meine jetzt nicht jene Mathematik, mit der die meisten von uns sich in der Schule ziemlich geplagt haben. Ich meine nicht jene Methoden, mit denen etwas berechnet werden soll. Ich meine jene Mathematik, die sich auf die Suche nach Strukturen und Zusammenhänge gemacht hat und solche auch in Fülle finden konnte.

Betrachten wir Zahlen nun nicht als Angaben von irgendwelchen Mengen und Größen, sondern betrachten wir Zahlen als Symbole mit einer ihnen zugrunde liegenden Bedeutung. Machen wir uns auf die Suche nach Zahlen in der Biologie des organischen Lebens und bleiben wir dabei wachsam. Nehmen wir es nicht einfach als zufällig und willkürlich hin, wenn eine Zahl in einem zentralen biologischen Prozess in Erscheinung tritt, sondern geben wir dem eine Bedeutung!

Wenn wir das nämlich tun, beginnen wir die Strukturen der dahinter liegenden

Matrix zu erkennen! Auf diese Spur hat mich das Buch „Gottes geheime Formel. Die Entschlüsselung des Welträtsels und der Primzahlcode.“ geführt. Dieses Buch wurde von dem Chemiker und Mathematiker Dr. Peter Plichta geschrieben, der es in seinen wissenschaftlich fundierten Ausführungen gewagt hat, Zahlen eine Bedeutung zu geben.

Der Ansatz für unsere Forschungen ist nun folgender:

Wenn wir in der Natur an bedeutsamer und grundlegender Stelle eine Zahl finden, gehen wir nicht von einem willkürlichen Zufall aus, sondern ordnen dem eine grundlegende Bedeutung zu.

Dieser Gedanke ist keineswegs neu. Wir finden genau diesen Zugang zu den Zahlen bereits in der Antike, diesmal bei Pythagoras von Samos.

Pythagoras wurde um 570 v. Chr. auf der Insel Samos als Sohn des erfolgreichen Kaufmannes Mnesarchos geboren. In seiner Jugendzeit hatte er sich zu Studienzwecken in Ägypten und Babylonien aufgehalten. Um 530 v. Chr. gründete er in Kroton in Unteritalien eine eigene Schule, bei der es zu einer sehr starken Gemeinschaftsbildung kam. Der innere Zusammenhalt unter den Pythagoräern war ein zentrales Lebensprinzip.

Pythagoras von Samos betrachtete bereits im 6. Jahrhundert v. Chr. die Zahlen als Ausdruck der Harmonien und der hinter allem wirkenden Weltordnung.

Foto: Wikipedia Fotoarchiv

In den Lehren des Pythagoras finden wir einen sehr intensiven schamanischen Ansatz. Für ihn waren Zahlen nur in zweiter Linie Beschreibungen von Mengen und Größen. Grundsätzlich waren für ihn Zahlen Symbole mit einem starken qualitativen Inhalt.

Das Hauptelement seiner Zahlenlehre war die „Tetraktys“, die **Vierheit**, die er als grundlegende Zahl für die Weltordnung deutete.

Wir werden erstaunt feststellen, an welch bedeutender Stelle die Zahl 4 auftauchen wird!

Aus der Summe der Zahlen 1 bis 4 (1 + 2 + 3 + 4) ergibt sich die 10, die für Sokrates die „vollkommene Zahl“ war. Weiters interessierte er sich für Proportionen, aus denen sich die Harmonien (der Matrix) ergeben.

Sichtbar wird dies in der Musik, da sich mithilfe der Zahlen 1 bis 4 sämtliche harmonischen Intervalle darstellen lassen: Die Quart ergibt sich aus einem Verhältnis zum Ausgangston aus 4 : 3, die Quint aus dem Verhältnis 3 : 2 und die Oktave aus 2 : 1.

Setzen wir also, inspiriert vom Geist des Sokrates, unsere Reise in die innere Struktur der Heilen Matrix fort!

Die DNA

Die DNA ist ein äußerst komplexes Biomolekül, das unserem Modell der Matrix ziemlich entspricht. Die sogenannte chromosomale DNA (Abkürzung für Desoxyribonukleinacid) beinhaltet das genetische Basisprogramm unseres Körpers und befindet sich im Zentrum jeder einzelnen Zelle, im Zellkern. So wie wir das Basisprogramm der Heilen Matrix als Mitte und inneren Kern gesehen haben, befindet sich diese chromosomale DNA im Kern jeder Zelle unseres Körpers.

Die DNA ist in Form der Doppelhelix aufgebaut. In der chromosomalen DNA des Zellkerns ist die gesamte Erbinformation in Form von Abschnitten, den sogenannten Chromosomen, angeordnet. Der Mensch hat 23 Chromosomenpaare.

Die Zahl **23** fällt hier auf, wenn wir uns an die Schriftzeichen der Hildegard von Bingen, die „Litterae Ignotae" erinnern. Sie hatte diese Schriftzeichen aus ihrer „göttlichen Schau" erhalten, die wir als ein Eintauchen in die Heile Matrix interpretiert hatten. Und sie erhielt dort genau 23 Schriftzeichen, nicht etwa 26, wie in unserem gebräuchlichen Alphabet. Die Zahl **23** entsprach ihrer Schau der göttlichen Ordnung genauer, war passender

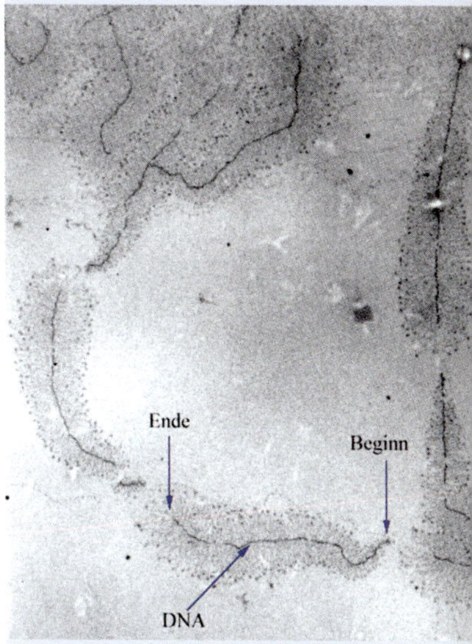

Ein mit dem Elektronenmikroskop aufgenommenes Bild von „ribosomaler DNA" während der „Transkription" in einer Zelle. *Quelle: Dr. Hans-Heinrich Trepte*

für die Sprache, die sie damit zu Papier bringen wollte.

Erforschen wir nun die Vorgänge innerhalb der DNA, diesem Basisprogramm des menschlichen Organismus etwas genauer.

Die DNA des Menschen besteht aus einem Code. Dieser Code baut sich über die Abfolge von **4** Basen auf. Das heißt wir haben 4 Basis-Informationseinheiten, die nun in bestimmter Reihenfolge kombiniert werden. Diese Basen heißen Adenin (A), Thymin (T), Cytosin (C) und Guanin (G). In einer DNA steht dann in einer fast unvorstellbar langen Kette z. B. A T T G T C A C C T …., was einen ganz bestimmten Code (vereinfacht gesagt z. B. für „blaue Augen“) darstellt.

Der Informationsgehalt der DNA ist äußerst komplex und dicht. Würden wir die Informationen, die sich in einem einzigen Gramm (!) getrockneter DNA befinden, speichern wollen, bräuchten wir dafür 1 Billion (das sind 1000 Milliarden!) CDs!

Die DNA korrespondiert mit der RNA, wie wir unten sehen werden. Die RNA besteht nur aus einem Strang und aus denselben Basen wie die DNA, ersetzt allerdings das Thymin (T) durch das

Uracil (U). Wir haben damit eine **fünfte** Base im Geschehen.

Die DNA kodiert diese dichte Information unserer Erbinformation mit **4** Informationseinheiten. Und abermals fällt uns hier eine Zahl auf, nämlich die **4**! Wir erinnern uns an Pythagoras von Samos, für den die Tetraktys, die **Vierheit**, also die **4** die Basiszahl für die Weltordnung war.

Diese Vierheit wird durch **5** Basen aufgebaut. Diese **5** ist ebenfalls eine zentrale Zahlenqualität der Matrix und wir erinnern uns, dass diese **5** stets im Zusammenhang mit dem Goldenen Schnitt, der äußeren Erscheinungsform allen Lebens, auftaucht.

Wir haben mit der **4** und der **5** die ersten Basiszahlen der Heilen Matrix gefunden! Nun erforschen wir einen zentralen Vorgang innerhalb unserer DNA, die sogenannte „RNA-Transkription". Es geht dabei um den Aufbau der Proteine, die unseren Körperzellen ihre Struktur verleihen und für das Pulsieren des Lebens in unserem Körper notwendig sind. Diese Proteine werden wiederum aus Aminosäuren zusammengebaut. Und diese Aminosäuren werden über einen äußerst interessanten Vorgang in unserer eigenen DNA codiert.

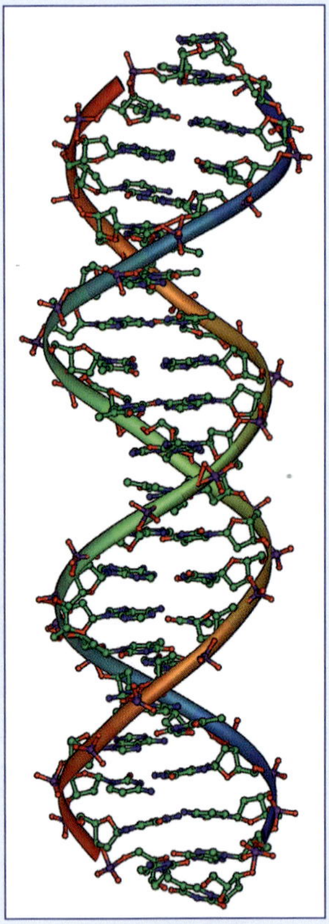

Der Aufbau der DNA. Die Formen zwischen den beiden Strängen der Doppelhelix stellen die vier Basen dar, die jeweils als Paare auftreten: Adenin und Thymin bilden ein Paar, genauso Guanin und Cytosin.

Created by Michael Ströck

Dieser sichtbare biologische Vorgang bildet die innere Struktur der dahinterliegenden Heilen Matrix wahrscheinlich am genauesten ab. Deshalb zahlt es sich aus, sich darin ein wenig zu vertiefen.

Die Aminosäuren sind die Grundbausteine des biologischen Lebens. Es gibt eine Fülle von Aminosäuren, doch das biologische Leben unseres Planeten wählt daraus genau **20** Stück aus. Und es sind für jedes Lebewesen dieser Erde genau dieselben 20 Aminosäuren.

Daher merken wir uns diese Zahl **20** gut vor, denn sie ist eine in der Biologie sichtbar gewordene Grundstruktur der Matrix.

Diese Zahl **20** ist die Kombinationszahl der beiden ersten Basiszahlen der Matrix die wir gefunden haben, der **4** und der **5**, nämlich **4 * 5 = 20**.

Unter Kombinationszahl versteht man die Summe der möglichen Kombinationen, und die erhält man immer durch das Multiplizieren. Wenn man z. B. 4 Personen und 5 Bücher hat und sich nun fragt, wie viele Kombinationsmöglichkeiten es jetzt gibt (Person 3 liest das Buch 4, Person 1 das Buch 2, Person 4 das Buch 4 usw.), kommt man auf 4 * 5 = 20. Das Zusammenbauen der Proteine geschieht also über die sogenannte Aminosäuren-sequenz. Das bedeutet, dass eine bestimmte Reihenfolge, eine bestimmte Abfolge aus diesen 20 Aminosäuren, das eine Protein ergibt, eine andere Abfolge ein anderes Protein.

Und diese Reihenfolge der Aminosäuren wird aus unserer eigenen DNA durch die „Transkription“ abgelesen. Dazu öffnet sich die Doppelhelix unserer DNA wie ein Reißverschluss. Dann kopiert die „messenger RNA“ (mRNA) aus der DNA einen kurzen Abschnitt, der aus **drei** Basen besteht (z. B. „G A C“). Dieser Code, der in der Biologie **Codon** genannt wird, bestimmt ganz genau eine der 20 Aminosäuren (in diesem Beispiel wird mit dem Codon „G A C“ die Aminosäure Asparagin codiert).

Die mRNA kopiert sich so einen Aminosäurencode nach dem anderen, setzt diese Codes zusammen und baut damit den übergeordneten Code des entsprechenden Proteins auf. Und mit diesem Code ist unser Körper dann auch tatsächlich in der Lage, dieses Protein herzustellen.

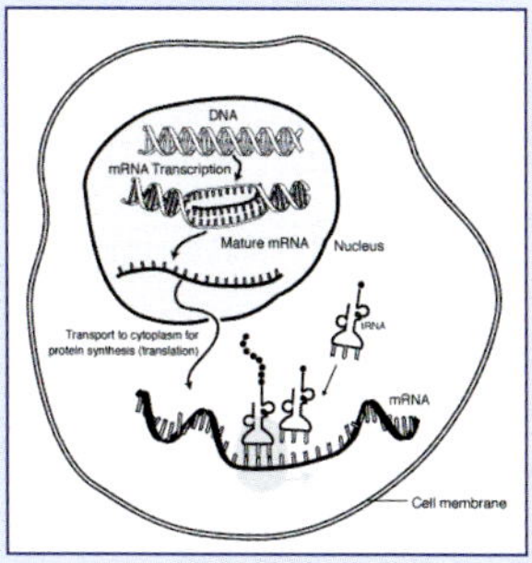

Hier wird die DNA im Zellkern mittels RNA transkribiert. Die drei „Stäbe“ der tRNA (drei Basen) bilden das Codon.

Wir merken uns hier als weitere Matrixzahl die Zahl 3 vor. Dieser zentrale biologische Vorgang zeigt uns, dass die **Grundlage einer Codierung** aus einer **Dreiheit** besteht! Hier in der Biologie des organischen Lebens bildet sich ein besonderer Wesenszug der Matrix ab:

Um eine komplexe Matrixstruktur aufzubauen, verwendet die Matrix ein **dreistelliges Codon**.

Forschen wir weiter!

Das Codon besteht aus **drei** Stellen und verwendet dafür **vier** mögliche Werte, nämlich A, C, G und T (bzw. U). Um vier Werte an drei Stellen zu kombinieren, habe ich 4 * 4 * 4 = 64 Möglichkeiten. Hier fällt natürlich sofort auf, dass das chinesische Orakel des I Ging aus genau 64 Bildern besteht.

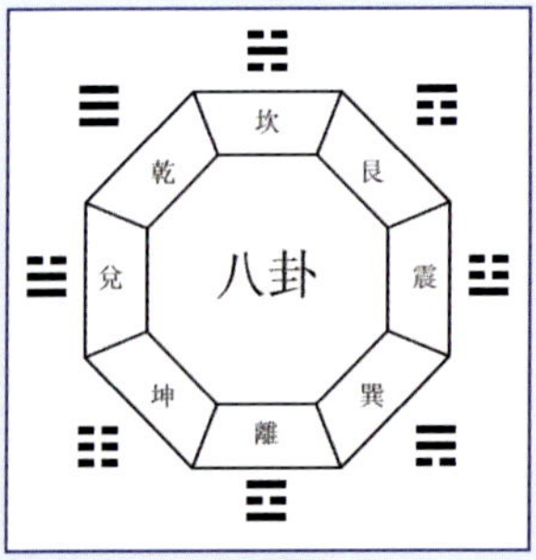

Die acht Trigramme des I Ging. Kombiniert man jeweils zwei Trigramme miteinander, erhält man 64 Möglichkeiten, die 64 Sprüche des Orakels.

Das I Ging, das „Buch der Wandlungen", stammt aus dem 3. Jahrtausend v. Chr. Laut Überlieferung kommt das Wissen des I Ging von der Ahnengottheit aus dem Clan Fu Xi. Die einzelnen Bilder des I Ging bestehen aus jeweils zwei übereinanderliegenden Trigrammen. Jedes Trigramm wiederum besteht aus **drei** Positionen mit einer offenen oder geschlossenen Linie. Dadurch gibt es acht verschiedene Trigramme. Wenn man nun jeweils zwei verschiedene Trigramme miteinander kombiniert, ergeben sich daraus 8 * 8 = 64 mögliche Bilder.

Später, im 11. Jahrhundert v. Chr., wurden diesen 64 Bildern vom König Wen und seinem Sohn Zhou jeweils bestimmte Handlungsanweisungen zugeordnet.

Die 64 finden wir also in den Kombinationsmöglichkeiten des Codons der mRNA wieder. Jedes dieser 64 Codons ist der Code für eine der 20 Aminosäuren. Das heißt natürlich, dass es für eine Aminosäure mehrere Codierungen gibt. So sind z. B. sowohl das Codon „G A C", als auch das Codon „G A U" die Codes für die Aminosäure Asparagin.

Doch damit noch nicht genug! Von den 64 möglichen Codons ergeben nur **61** Codons einen Sinn! Das bedeutet, dass es genau **3** Codons gibt, die keine Aminosäure codieren (nämlich „U A A", „U A G" und „U G A").

Unsere Naturwissenschaft hat natürlich nicht die geringste Ahnung, warum das so ist. Sie kann lediglich beschreiben, wie es funktioniert, aber nicht warum. Wenn wir dies aber als keinen willkürlichen Zufall sehen, sondern dem eine Bedeutung zuordnen, erkennen wir, dass wieder einmal die Zahl **3** eine zentrale Rolle spielt.

Die Codons behalten sich drei offene und freie Felder vor, wie einen Ausgang, einen Freiheitsgrad, der das System offen lässt. Und dieses Prinzip der Freiheit werden wir auch in unserem nächsten Kapitel wiederfinden, wo abermals die Zahl **61** eine zentrale Rolle einnehmen wird!

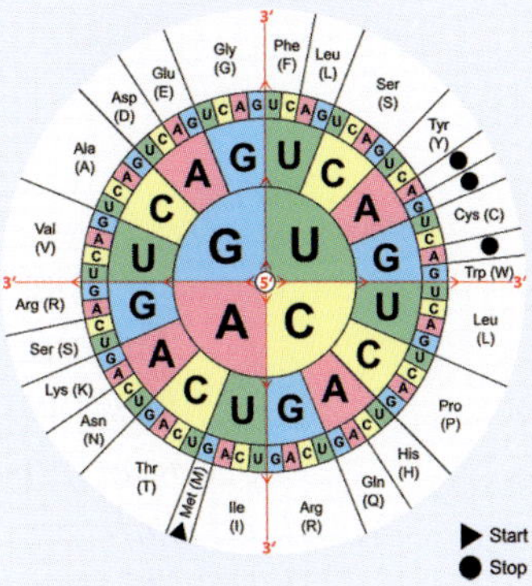

Die 64 möglichen Codons, wobei drei von ihnen (mit „Stop" gekennzeichnet) keine Aminosäure bilden. So entstehen drei Freiheitsgrade, drei offene und freie Felder.

Hermes Trismegistos und das Periodensystem

Wir gehen in unserer Erforschung der Matrix davon aus, dass sich ihre inneren Strukturen in der sichtbaren Natur abbilden und wir haben mit diesem Ansatz schon sehr schöne Erfolge erzielt. Da es sich bei der Matrix um die Basisprogramme der Realität handelt, werden wir immer dort fündig werden, wo es sich auch in der sichtbaren Realität um solch grundlegende Strukturen handelt. Darum schauen wir nun in den Aufbau der Materie, in die Struktur der Atome hinein. Das führt uns unmittelbar zum „Periodensystem" der Chemie.

Doch bevor wir die Erkenntnisse unserer heutigen Wissenschaft dazu aufschlüsseln, setzen wir unsere Reise durch die Geistesgeschichte des Menschen fort. Wir besuchen den Ursprung der Chemie, nämlich die Alchemie.

Die ältesten erhalten gebliebenen alchemistischen Aufzeichnungen stammen aus Ägypten und aus dem hellenistischen Griechenland, von etwa 300 v. Chr. Die berühmteste Überlieferung der Alchemie ist die „Tabula Smaragdina", die Smaragdene Tafel. Dabei handelt es sich um eine in sehr knappen Worten gehaltene Beschreibung, die das Wissen der Alchemie und ihr Weltbild sehr gut widerspiegelt.

Als Urheber dieser Smaragdtafeln wird Hermes Trismegistos genannt. Es handelt sich bei Hermes Trismegistos wohl kaum um einen Menschen, der einmal tatsächlich gelebt hatte, sondern viel eher um eine mythische Gestalt, um eine Vereinigung zweier Weltbilder, nämlich um die Verschmelzung des griechischen Hermes mit dem ägyptischen Thot. Beide Götter haben etliche Gemeinsamkeiten. Der griechische Hermes war der Begleiter der Reisenden und der Kaufleute, während der ägyptische Thot dem Mond zugeordnet wird und daher für Wandlung und Veränderung steht.

Das Manuskript „Secretum secretorum“, die älteste erhalten gebliebene Übersetzung der „Smaragdtafeln“ des Hermes Trismegistos.

Es geht also bei der Gestalt des Hermes Trismegistos um das Prinzip des Wandels, der Veränderung, des Lebenswegs. Und all das fließt in die Aufzeichnungen der Smaragdtafeln ein.

Der Legende nach hat Hermes Trismegistos sein geheimes Wissen in zwei Tafeln aus Smaragd eingraviert. Er soll es in seinem Grab in seinen Händen gehalten haben.

Die älteste erhalten gebliebene Überlieferung sind arabische Übersetzungen aus dem Mittelalter. Die älteste davon ist das Manuskript „Secretum secretorum“.

Und von diesen arabischen Texten gibt es mehrere lateinische Übersetzungen, über die wir einen Einblick in das ursprüngliche alchemistische Wissen bekommen.

Die lateinische Übersetzung aus dem Jahr 1541 in Nürnberg besteht aus **13** allegorischen Sätzen. Und da handelt es sich tatsächlich um einen Blick in das Innere der Matrix. Merken wir uns hier vor allem die Zahl **13** vor, denn diese wird uns im nächsten Kapitel abermals unterkommen!

Bei diesen 13 Kernsätzen geht es immer wieder um ein „wie oben, so unten“ oder „wie im Großen, so auch im Kleinen“. Das bedeutet, dass sich die Grundstruktur der dahinterliegenden Matrixprogramme überall, auf allen Ebenen, durchzieht. Das bedeutet aber auch, dass alles, was wir im Außen erleben, untrennbar verbunden ist mit dem, was wir im Inneren wiederfinden. Wir sprechen in diesem Zusammenhang heute von der fraktalen Vernetzung.

Alles ist mit allem verbunden, da der Kern, das Herz von allem, die immanente Heile Matrix ist. Und diesen allem innewohnenden Kern sprechen diese 13 Sätze an. So heißt es dort im 3. Kernsatz, dass alles aus dem einen „Urstoff“ geboren wurde.

Die alchemistischen Mysterienschulen zeigten einen Weg auf, um sich aus dem Schattendasein zu befreien. Sie wählten dabei einen *Erfahrungsweg*, die Erfahrung der „Transmutation“, der Wandlung. Indem wir nämlich bewusst und mit klarem Geist erfahren, wie sich die Wandlungsprozesse in der Natur vollziehen, *erkennen wir*. Und dieses Erkennen, das aus der Erfahrung kommt, führt uns zu jenem Licht, das hinter den Schattenspielen liegt.

Die Alchemisten erleben und erfahren diese Wandlungsprozesse in der Natur, indem sie ihre alchemistischen Praktiken anwenden. Sie verwandeln, bildlich gesprochen, Blei zu Gold und sie finden in ihren Laboratorien, ebenfalls bildlich gesprochen, den „Stein der Weisen“.

Es geht bei diesen alchemistischen Experimenten aber niemals um das Ergebnis selbst, niemals darum, tatsächlich Gold oder etwas anderes herzustellen. Es geht um die Erfahrung der Veränderung. Denn in dieser Erfahrung vollzieht sich ein Erkennen der dahinter liegenden Heilen Matrix. Es geht darum, über das Erleben der Transmutation mit dieser Heilen Matrix in Kontakt zu kommen.

Die Erfahrung der alchemistischen Wandlung führt dazu, dass der Eingeweihte die immanente Heile Matrix wahrnimmt und dadurch erkennt, dass sein eigenes „Erstes Bewusstsein" sich im vollkommenen Einklang mit dieser Heilen Matrix befindet. Der Eingeweihte erkennt weiters, dass sich aus dem Inneren Kern der Heilen Matrix, aus dem „Urstoff", das gesamte Matrixfeld eröffnet. Er erkennt weiters, dass dieses einst heile Matrixfeld durchzogen ist mit verfremdeten und manipulierten Elementen. Dieses umgebende Matrixfeld ist verwoben mit dem „Zweiten Bewusstsein" des Menschen, wodurch dieses Zweite Bewusstsein ebenfalls die Verfremdungen des Matrixfeldes mitträgt. Der Eingeweihte erkennt daher die Verfremdungen in seinem eigenen Bewusstseinsfeld und er erkennt die „Wächter" in sich selbst, die ihn im Schattendasein der Höhle weiterhin festhalten wollen.

Durch diese Erfahrung der alchemistischen Wandlung, durch den damit verbundenen Erkenntnisprozess, vollzieht sich im Eingeweihten eine tiefgehende Klärung, eine Klärung seines Bewusstseins und eine Heilung seiner Seele.

Selbst wenn der Alchemist in seinem Laboratorium das Blei zu Gold verwandelt, ist dies für ihn letztlich völlig uninteressant. Für ihn zählen die Ergebnisse nicht, für ihn zählen die Erfahrungen, die er während seiner Tätigkeiten gewonnen hat. Auch wenn seine Bemühungen scheinbar keine positiven Ergebnisse zeigen sollten, interessiert ihn das kaum. Denn auch dann gewinnt er die Erfahrungen, die er während seinem Tun gewonnen hat.

Dies ist die Haltung und Weisheit der inneren alchemistischen Mysterienschulen. Sie widersprechen dem heute so stark ausgeprägten ergebnisorientierten Denken. Doch genau diese innere Haltung befreit uns aus dem Schattendasein. Wenn wir uns nämlich auf unseren Weg konzentrieren, werden wir frei von dem so häufig in uns aufgebauten Druck, dies oder jenes unbedingt erreichen zu müssen. Wir werden frei, die Zeichen der Heilen Matrix auf unserem Weg zu erkennen, diese Zeichen aufzunehmen und uns davon führen zu lassen.

Genau diesen Erkenntnisprozess werden wir jetzt gehen, wenn wir in der Natur beobachten, wie sich Wandlung vollzieht.

Ist es möglich, Blei zu Gold zu verwandeln? Ja, das ist es! Und es geschieht Tag für Tag, immer wieder. Diese und andere Wandlungsprozesse vollziehen sich in den großen und mächtigen Alchemisten unseres Universums, in unserer eigenen Sonne und in jedem einzelnen Stern, den wir am Himmel sehen. Das Licht des Universums, das Sonnenlicht und das Funkeln jedes Sternes, entsteht durch diesen alchemistischen Prozess.

Um das zu verstehen und um weiter in die Geheimnisse der Heilen Matrix hineinzublicken, wenden wir uns jetzt dem Periodensystem zu, der Grundlage unserer Chemie.

Das Periodensystem stellt alle chemischen Elemente dar. Es wurde im Jahr 1869 gleichzeitig und völlig unabhängig voneinander von zwei Chemikern aufgestellt, von Dmitri Mendelejew (1834–1907) und Lothar Meyer (1830–1895).

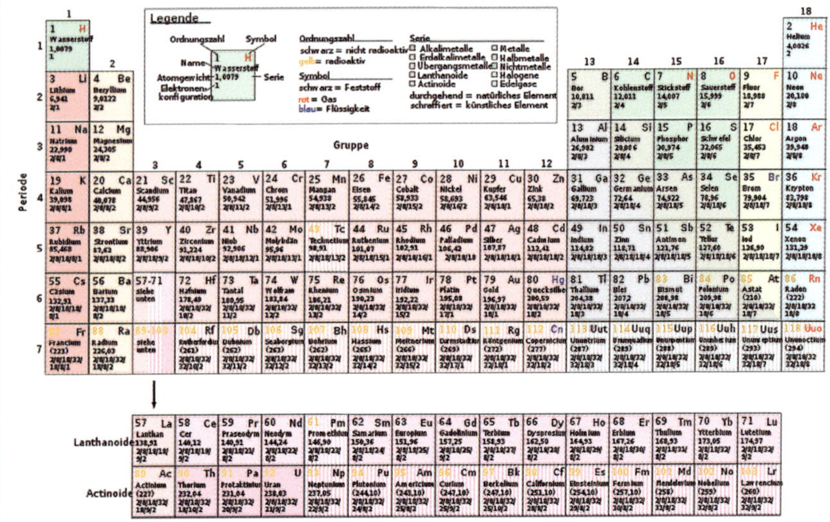

Die Zahl, die wir oberhalb von jedem Atom sehen, ist seine „Ordnungszahl“. Diese Ordnungszahl gibt an, wie viele Protonen sich im Kern des Atoms befinden. So hat das Wasserstoff-Atom 1 Proton in seinem Kern, das Helium-Atom 2, das Lithium-Atom 3, das Beryllium-Atom 4, … das Gold-Atom 79 usw.

Alles um uns herum ist aus Atomen aufgebaut, das Buch, das du gerade liest, der Stuhl, auf dem wir sitzen, jede Zelle unseres Körpers. All das, was wir sehen, wird durch diese Ordnungszahlen zur Realität. Daher ist dieses Periodensystem eine geniale Darstellung, um die Struktur jener dahinterliegenden Matrix, die all dies aufbaut, zu erkennen!

Die Quantenphysik liefert uns dazu noch einen weiteren erstaunlichen Hinweis. Sie zeigt, dass jedes dieser Atome aus demselben „Stoff“ besteht, was uns natürlich sofort an den „Urstoff“ aus den Smaragdtafeln erinnert. sehen, so besteht das hauptsächlich aus Kohlenstoff-Atomen während eine Goldmünze großteils aus Gold-Atomen besteht. Und sowohl dieses Stück Holz, als auch die Goldmünze bestehen aus demselben Ur-Stoff!

Der Unterschied zwischen den Kohlenstoff- und den Gold-Atomen liegt nicht im Stofflichen (denn da sind sie ja identisch), sondern in der dahinterliegenden Information! Es ist die aus der Matrix stammende Information, welche das Gold zu Gold und das Holz zu Holz macht. Und diese Information können wir über die Ordnungszahlen genau erkennen. Wir blicken also von den Schattenspielen auf und sehen zumindest ansatzweise, wodurch diese Schatten der sichtbaren Realität erzeugt werden.

Schauen wir uns daher die Struktur der Matrix über das Periodensystem noch etwas genauer an!

Wir sehen, dass die Ordnungszahl der Elemente in dieser Tabelle stellenweise in gelber Schrift geschrieben wurde. Das bedeutet, dass es sich dabei um ein radioaktives Element handelt. Und diese Elemente existieren nur temporär! Jedes radioaktive Element hat nur eine (mehr oder weniger) kurze Lebensdauer, ehe es zerfällt. Diese radioaktiven Atome entstehen selbst nur aus Zerfallsprozessen von Atomen mit höherer Ordnungszahl, oder künstlich, und verschwinden (zerfallen) dann wieder.

Nehmen wir z. B. das Element Radon her. Es hat die Ordnungszahl 86. Da es radioaktiv ist, zerfällt es. Seine Halbwertszeit (das ist die Zeit, die vergeht, bis nur mehr die Hälfte der Radon-Atome vorhanden sind) liegt zwischen wenigen Millisekunden und in der stabilsten Form bei 3,8 Tagen. Es zerfällt zumeist in Polonium mit der Ordnungszahl 84 und Helium mit der Ordnungszahl 2. Der radioaktive Zerfall von Radon hat also in der Matrix die Formel:

86 wird zu 84 + 2.

Für die Entdeckung dieser beiden Elemente, Radon und Polonium, erhielt die berühmte Marie Curie im Jahr 1911 den Nobelpreis für Chemie. Zu Ehren ihrer Heimat Polen nannte sie das neu entdeckte Element mit der Ordnungszahl 84 „Polonium".

Wenn nun alle radioaktiven Elemente zerfallen, bedeutet das, dass die stabile Realität unserer Welt und unseres gesamten Universums lediglich aus jenen Atomen besteht, die nicht radioaktiv sind!

Schauen wir uns die Periodentabelle nochmals genauer an! Da sehen wir, dass alle Atome, die eine Ordnungszahl über 82 besitzen, instabil sind.

Aber siehe da!

Es gibt genau 2 Elemente mit niedrigerer Ordnungszahl, die ebenfalls instabil sind, nämlich das Technetium (OZ **43**) und das Promethium (OZ **61**)!

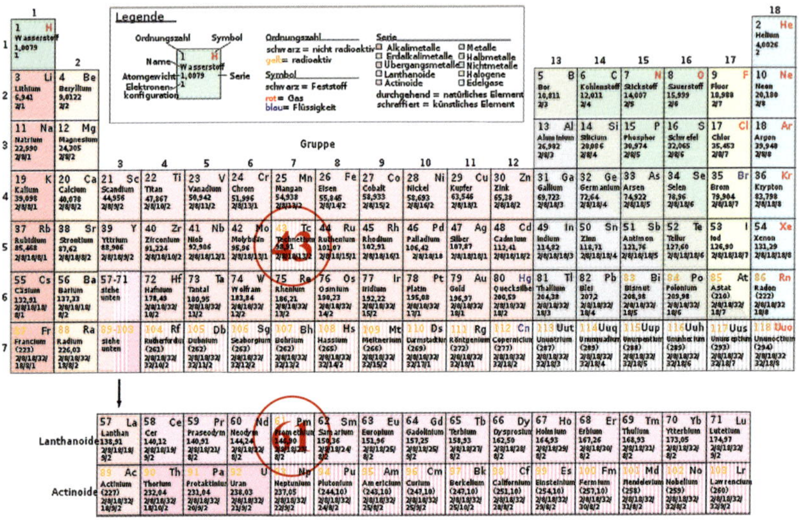

Die Matrix baut die stabile sichtbare Realität so auf, dass sie an genau 2 Punkten Freiräume lässt, nämlich bei **43** und bei **61**. Warum sie das tut, kann unsere moderne Wissenschaft nicht erklären (und sie schweigt sich zu diesem Thema auch entsprechend aus). Doch das ist für uns kein willkürlicher Zufall, sondern bildet eine wesentliche Struktur der Matrix in der sichtbaren Realität deutlich ab.

Die stabile Wirklichkeit entsteht aus den Atomen mit der OZ von 1 bis 82, mit **zwei** Portalen. Wenn wir an das platonische Höhlengleichnis denken, erscheinen diese beiden Portale wie zwei mögliche Ausgänge aus der Schattendasein der Höhle. Beide Punkte, sowohl die 43, als auch die 61, sind sogenannte Primzahlen.

Eine Primzahl ist eine Zahl, die durch keine andere Zahl geteilt werden kann. Nehmen wir eine „normale" Zahl, z. B. die Zahl 30, so hat diese mehrere Teiler (2, 3, 5 usw.). Außerdem entsteht jede „normale" Zahl aus dem Produkt (aus der Multiplikation) von ganz bestimmten Primzahlen. Bei der 30 schaut das so aus: 30 = 2 * 3 * 5. Dieser Aufbau ist eindeutig, es gibt keine anderen Primzahlen (außer 2, 3 und 5), welche die 30 aufbauen. Das bedeutet, dass die Primzahlen im wahrsten Sinne die „Atome" (die „unteilbaren" Teile) aller Zahlen sind.

Und das Periodensystem der Atome wählt genau zwei Atome der Zahlen, über die es Ausgänge aus der stofflichen Materie gibt.

Warum gerade 43 und 61?

Es fällt natürlich sofort auf, dass die Ziffernsumme beider Zahlen 7 ergibt (4 + 3 und 6 + 1). Wenn man nun alle zweistelligen Primzahlen aufschreibt, muss man verblüfft feststellen, dass 43 und 61 die einzigen Primzahlen sind, deren Ziffernsumme 7 ergibt! Merken wir uns daher sowohl 43 und 61, als auch die 7 als jene

Die Matrix markiert den Ausgang, die Schwelle, die bildlich gesprochen aus der Höhle herausführt, mit den beiden Primzahlen 43 und 61. Das sind die einzigen zweistelligen Primzahlen, deren Ziffernsumme 7 ergibt.

Bei der Matrix der Sieben wird das Thema der Schwelle als Übergang von der sichtbaren Welt in die transzendente Welt wiederkehren.

Zahlen vor, die das **Licht der Erkenntnis** symbolisieren und den Ausgang aus der Höhle weisen.

Erinnern wir uns jetzt kurz nochmals an die Vorgänge in unserer DNA und an das Codon, das die lebensnotwendigen Aminosäuren des organischen Lebens codiert. Dort haben wir gesehen, dass es insgesamt 64 mögliche Codierungen gibt, dass sich die Matrix allerdings auch dort Freiräume (in dem Fall drei) offen lässt. Von den 64 Möglichkeiten können nur **61** tatsächlich einen Code für eine Aminosäure erzeugen.

Kann das tatsächlich nur Zufall sein, dass die Zahl 61 abermals an so entscheidender Stelle auftritt? Oder haben wir hier nicht vielmehr ein grundlegendes Strukturmuster der Matrix entdeckt?

Schauen wir abermals auf die Periodentafel. Das stabile Universum entsteht aus einer Matrix von 1 bis 82, innerhalb der 2 Freiräume offen bleiben. Wir haben also genau 80 stabile Elemente für den Aufbau unseres Universums.

Was sagt uns die Zahl 80?

Erinnern wir uns an die die Tetraktys, die **Vierheit** aus den Lehren des Pythagoras. Für ihn war die Zahl 4 (neben der Zahl 10) das Grundelement der Weltordnung.

Wir haben bereits darüber gestaunt, dass diese Vier in unserer eigenen DNA in Form der vier Basen an sehr zentraler Stelle auftritt. Und diese 4 ist in der 80 wieder enthalten. Aus 80 = **4 * 20** treten abermals zwei zentrale Zahlenwerte auf, die 4 und die 20, die wir beide bereits in den grundlegenden biologischen Prozessen unseres Körpers bei den **20** Aminosäuren vorgefunden haben!

Auch damit eröffnet sich uns eine innere Struktur der heilen Matrix in sehr eindrücklicher Weise!

Bleiben wir einen Moment noch bei der 43 und der 61.

Wen wir diese beiden addieren, erhalten wir 43 + 61 = **104**. Ist diese Zahl nicht erstaunlich, wenn wir an Pythagoras denken? Für ihn waren die Grundelemente der Weltordnung darstellbar durch die Zahlen 10 und 4. Und schreiben wir diese beiden Zahlen in unserem Zahlensystem einfach nebeneinander, erhalten wir genau diese **104**!

Schauen wir uns die „Atome“ dieser Zahl, also ihre Primzahlen an, so kommen wir auf 104 = 2 * 2 * 2 * 13.

Diese 104 besteht also wieder aus 4 Grundbausteinen (Primzahlen), wobei eine dieser Grundzahlen die 13 ist.

Die 10 und die 4 sind die heiligen Zahlen der Pythagoräer. Schreiben wir sie nebeneinander hin, erhalten wir die 104, die sich genau aus der Summe der beiden Freiräume 43 und 61 ergibt, dem Portal und der Schwelle, die von der sichtbaren Welt in die transzendente führt.

Wir haben bereits bei der Fibonacci-Zahlenfolge und bei den Kernsätzen der Alchemie die 13 angetroffen. An welch grundlegender Stelle wir sie als Basis- Zahl unserer eigenen biologischen Matrix erkennen können, werden wir im nächsten Kapitel sehen.

Bleiben wir aber einen Moment noch bei der Alchemie und bei den Atomen und stellen wir uns folgende Frage:

Wo kommen die 80 stabilen Elemente eigentlich her? Wo werden sie erschaffen oder erbrütet? Und wer ist der große Alchemist unseres Universums?

Um darauf eine Antwort zu finden, machen wir uns auf den Weg zur Sonne. Warum strahlt die Sonne und wie erzeugt sie ununterbrochen derart gigantische Energien?

Die Sonne ist ein gigantischer Alchemist. Sie ist tatsächlich in der Lage, Blei zu Gold zu verwandeln. Die Sonne besteht zum Großteil aus Wasserstoff. Durch ihre mächtige Größe entsteht in ihrem Inneren ein enormer Gravitationsdruck, der dazu führt, dass Kernfusionsprozesse stattfinden. Zumeist sind es Wasserstoff-Atome, die miteinander verschmolzen werden, und zwar zwei Wasserstoff-Atome zu einem Helium-Atom.

Der Vorgang ist einfach erklärt. Der Wasserstoff hat die OZ 1, hat also ein Proton in seinem Kern. Verschmelzen nun zwei Wasserstoff-Atome zu einem neuen Atom, so hat dieses neue Atom zwei Protonen in seinem Kern, hat also die OZ 2, und das ist das Helium-Atom. Der Vorgang, der hier geschieht, ist eine einfache Addition in der Struktur der Matrix, nämlich OZ 1 + OZ 1 = OZ 2.

Dieses neue Helium-Atom ist um eine Spur leichter, als die beiden Wasserstoff-Atomen, aus denen es „erbrütet" wurde, zusammen. Und diese übriggebliebene Masse wandelt sich in reine Energie um. Auch wenn es sich dabei nur um wenig Masse handelt, ist die dadurch freiwerdende Energie gigantisch!

Die berühmte Formel von Einstein, $E = m * c^2$ bringt diesen Zusammenhang zum Ausdruck. Man muss die umgewandelte Masse (m) mit der Lichtgeschwindigkeit (c) zum Quadrat multiplizieren, um die freiwerdende Energie (E) zu berechnen.

Doch nicht nur die Umwandlung von Wasserstoff zu Helium geschieht in der Sonne. Es kann durch einfache Addition der Protonen bei der Verschmelzung jedes Element hergestellt werden. Verschmilzt z. B. ein Wasserstoff-Atom (OZ 1) mit einem Helium-Atom (OZ 2), so entsteht daraus ein Lithium-Atom (OZ 3).

Und so setzt sich dieser Vorgang fort, besonders dann, wenn der Wasserstoff in der Sonne bereits verbraucht ist (was in etwa 5 Milliarden Jahren der Fall sein wird).

Dieser große Alchemist Sonne verwandelt die Elemente. Dies geschieht, indem die Anzahl der Protonen addiert wird. Dadurch verändert die Sonne die *Information* des Atoms und wandelt es dadurch in ein neues Atom um.

Das geschieht nicht nur auf unserer Sonne, sondern auf jedem Stern, der am Nachthimmel funkelt. Und durch diesen alchemistischen Prozess entsteht das Licht in unserem gesamten Universum!

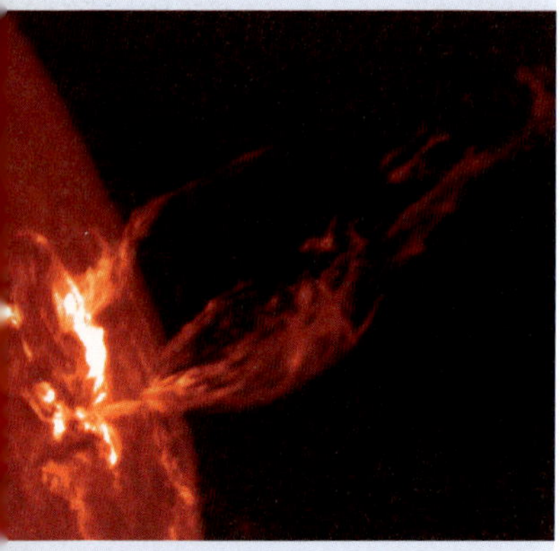

Bei Sternen, die deutlich größer sind als unsere Sonne, kommt es am Ende der Sternenentwicklung zu einer gigantischen Explosion, zu einer sogenannten Supernova. Der dabei explodierende Stern leuchtet für einen kurzen Moment lang so hell auf, wie alle Sterne der gesamten Galaxie zusammen.

Und er wirft in dieser Explosion sämtliche Elemente, die er während seines langen Sternenlebens in sich erschaffen hatte, ins Weltall hinaus. Er entäußert sich in einem gigantischen kosmischen Spektakel, bei dem er sich gänzlich hingibt. All diese Elemente, die er dabei dem Kosmos schenkt, sind wie Samen, wie Sternenstaub, der in der Galaxie auf fruchtbaren Boden fällt. Aus diesem Sternenstaub entstehen neue Planeten und auf ihnen neues Leben. Wir alle, die Planeten unseres Systems, die Erde, unsere Körper, alles biologische Leben ist aus solch einem Sternenstaub gemacht. Wir sind Sterngeborene!

Unser Zellgedächtnis

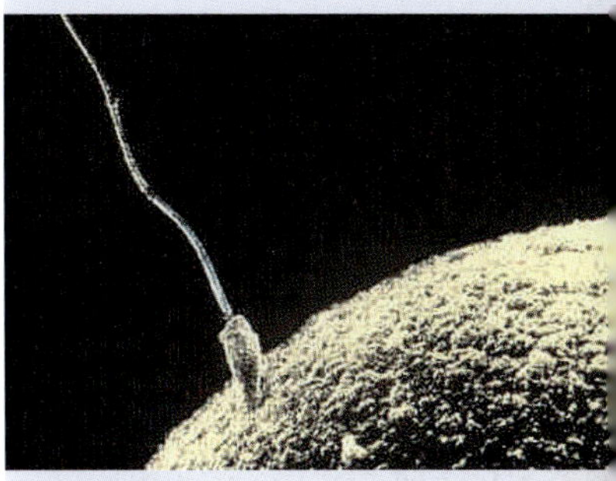

Blicken wir nun einmal ganz an den Anfang, auf den allerersten Augenblick unseres eigenen physischen Körpers. In jenem Moment, in dem die Eizelle unserer Mutter von der Samenzelle unseres Vaters befruchtet wurde, vereinigten sich die Chromosomen unserer Mutter mit den Chromosomen unseres Vaters zu einem völlig neuen und einzigartigen genetischen Code. In diesem heiligen Moment wurde unser ganz persönlicher DNA-Code in unserer allerersten Körperzelle, in unserer Urzelle erschaffen.

Einen Tag nach dieser Befruchtung beginnt die Zellteilung. Dabei wird dieser neue genetische Code in jeder neu entstehenden Zelle völlig identisch kopiert. Jede unserer Zellen enthält exakt dieselbe Codierung. Daher ist jede Zelle unseres physischen Körpers mit jeder anderen Körperzelle direkt verbunden. Es handelt sich dabei um mehr als um eine Kopie des sichtbaren Codes. Jede Zelle selbst trägt ein Bewusstsein in sich, das mit dem Bewusstsein jeder anderen Zelle korrespondiert und sich zu einem großen, kollektiven Bewusstsein, unserem Zellbewusstsein vereint.

Da unsere anerkannte Wissenschaft sowohl beim Thema „Bewusstsein“, als auch beim Thema „Information“ blinde Flecken hat, kann sie darüber keine Aussagen machen. Es gibt allerdings vom Physiker Burkhard Heim (er lebte von 1925 bis 2001) eine höchst komplexe, aber für quantenphysikalische Vorgänge erstaunlich genaue Theorie, welche genau diese beiden Themen, nämlich Bewusstsein und Information, mit einbezieht. Nur durch das Einbeziehen von Bewusstsein und Information ist es ihm gelungen, eine physikalische Theorie zu entwickeln, die ganzheitlich ist und alle physikalischen Phänomene beschreiben kann. Im Gegensatz dazu sind sämtliche anderen Theorien dazu nicht in der Lage und beschreiben lediglich Teilbereiche exakt.

Bewusstsein ist nicht begrenzbar und kann nicht isoliert betrachtet werden, wenn wir es verstehen wollen. Genauso verhält es sich auch mit dem Bewusstsein in den Zellen unseres Körpers. Das Zellbewusstsein ist sowohl in jeder einzelnen Zelle, als auch im gesamten Organismus präsent. Das, was eine einzelne Zelle unseres Körpers jemals erlebt hat oder erleben wird, ist nicht nur in dieser einen Zelle gespeichert, sondern gleichzeitig in der Gesamtheit der Zellen und in jeder neu entstehenden Zelle vorhanden.

Jene Erlebnisse, die unsere allererste Urzelle bei der Befruchtung und danach hatte, sind daher in unserem gesamten Körper abrufbar. Drei Tage nach der Befruchtung hatte sich unsere Urzelle bereits mehrfach geteilt und war inzwischen zu einem winzigen Organismus, der aus 12 bis 16 Zellen bestand, angewachsen. Sie war am dritten Tag im Eileiter unserer Mutter weitergewandert und hatte die Gebärmutter erreicht. Dann dauerte es wiederum etwa 6 Tage, ehe sie sich in der Gebärmutter, an der Gebärmutterwand einnisten konnte.

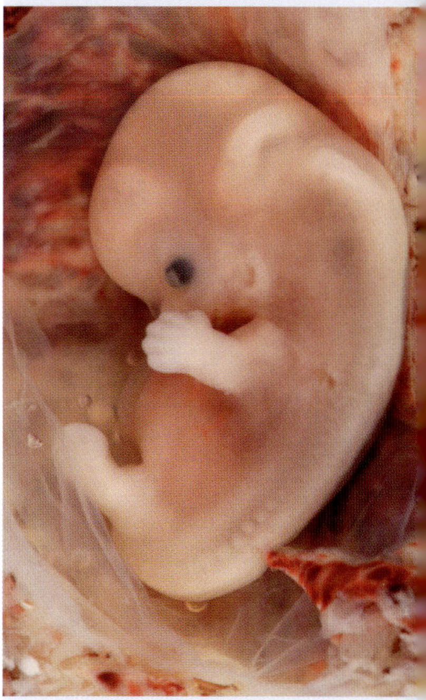

Neun Wochen alter Embryo in der Gebärmutter.

Foto: Ed Uthman, MD

Und dann kommt es zu einem weiteren heiligen Moment. Der Embryo, aus dem unser physischer Körper entstehen wird, beginnt sich erstmals hier in der physischen Realität zu *verankern*. Das geschieht in jenem Augenblick, in dem er sich über die Nabelschnur erstmals mit dem Blutkreislauf unserer Mutter verbindet. Unsere Mutter ist in dieser Zeit unsere Repräsentantin für die Urmutter, für die Mutter Erde und für die irdische

Realität. In jenem heiligen Moment, in dem wir unser embryonales Blut mit dem Blutkreislauf unserer Mutter verbinden, ankern wir erstmals in diesem Körper auf Mutter Erde. Und das ereignet sich am **13**. Tag!

Hier also erscheint sie wieder, die Zahl **13**, in diesem prägenden Augenblick. Dieser **13**. Tag trägt sich nachhaltig in unserem Zellgedächtnis ein und wir werden von da an die Zahl **13** zumindest unbewusst mit Befruchtung und Entwicklung in Zusammenhang bringen.

Wie geht es dann weiter? Die Lehrbücher der Medizin sagen, dass eine normale menschliche Schwangerschaft genau 273 Tage dauert, vom Tag der Befruchtung der Eizelle bis zum Tag der Geburt. Wenn wir diese 273 Tage genau anschauen, kann man hier von drei heiligen Momenten sprechen: Der erste heilige Moment ist der Augenblick der Befruchtung. Der zweite heilige Moment ist jener Augenblick, an dem wir uns mit dem Blutkreislauf unserer Mutter verbinden und uns dadurch erstmals in unserer physischen Wirklichkeit verankern. Und dann kommt es zum dritten heiligen Moment am Tag unserer Geburt, in jenem Augenblick, in dem wir unseren allerersten Atemzug tun und uns so erstmals mit der Atmosphäre der Mutter Erde direkt verbinden. Mit diesem ersten Atemzug entfalten sich unsere Lungen, die bis dahin untätig geblieben waren.

Es sind genau **13** Tage bis zur ersten Verankerung. Und es sind von da an nochmals **20** mal **13** Tage bis zur Geburt. Ist es nicht erstaunlich, dass die Zahl **20** hier abermals an derart zentraler Stelle in Erscheinung tritt? Ist es nicht ebenfalls erstaunlich, dass sich die Zahl **13**zweimal so deutlich in unserer allerersten Entwicklungsphase zeigt?

Wir können wohl davon ausgehen, dass diese Zahl **13** sehr innig mit dem menschlichen Wesen verbunden ist, besonders dort, wo es um Liebe, Vereinigung und Sexualität geht. Die **13** ist nicht nur eine auffallende Zahl in der Fibonacci-Folge, sondern auch eine Zahl, die sich im Liebesplaneten Venus zeigt.

Die Venus und die Erde erzeugen bei ihrem Liebestanz um die Sonne ein Pentagramm, einen **5**-Stern, wenn man jeweils die unteren Venuskonjunktionen markiert. Das Pentagramm ist jene geometrische Figur, die exakt den Goldenen Schnitt darstellt und dadurch für Harmonie, Schönheit und im weiteren Sinne für Liebe und Erotik steht. Damit Venus und Erde dieses Pentagramm vollenden können, vergehen exakt **8** Erdenjahre und exakt **13** Venusjahre.

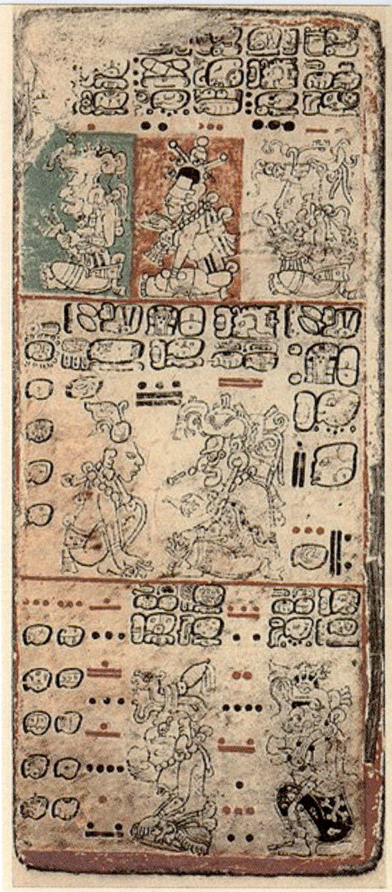

Ein Blatt aus dem Dresdener Kodex, einem der vier erhalten gebliebenen Schriften der Mayas. Sowohl die 13, die 20, als auch der Lauf der Venus waren den Mayas bestens vertraut.

Wir sehen also auch hier, dass die **13** eine durchaus venusische Zahl ist, eine Liebeszahl für die menschliche Matrix. Und die im Zusammenhang mit der Venus erkannten Zahlen, die **5**, die **8** und die **13** sind außerdem drei Zahlen, die in der Fibonacci-Folge unmittelbar aufeinander folgen.

Wir sind mit den Erkenntnissen über die 20 und die 13 in der menschlichen Geistesgeschichte keineswegs die ersten. Am auffallendsten wurde diese Kombination von 13 mal 20 in der Hochkultur der Mayas in Mittelamerika verwendet. Die Mayas waren fasziniert von der Matrix der Zeit und erforschten diese über den Tzolkin, ihren heiligen Kalender. Ihre Hochblüte war um das Jahr 600 n. Chr., ehe sie sich in Machtkämpfen selbst zerstörten.

Es sind von den Mayas lediglich vier Schriften erhalten geblieben, da die „heilige" Inquisition durch ihren religiösen Wahn nahezu alles zerstört hatte. Doch aus diesen wenigen Schriften, vor allem aus dem Dresdener Kodex, wissen wir, dass die Mayas den Lauf der Venus genauestens beobachteten. Und nicht nur das, sie konnten den Lauf der Venus auch völlig exakt vorherberechnen.
Doch wundert uns diese Genauigkeit, wenn ihnen die Liebeszahl 13 so sehr vertraut war?

Das Bewusstsein

Auf unserer Forschungsreise in die Geheimnisse der Matrix haben wir immer wieder die Frage nach dem Bewusstsein berührt. Das ist nicht weiter verwunderlich, da es bei der Erforschung der Matrix sowohl um das Erkennen, das Licht der Erkenntnis ging (wie es die Gnostiker nannten), als auch um das Erleben und das Erfahren jener Vorgänge, die durch die Matrix ausgelöst werden (was in den Mysterienschulen der Alchemie gelehrt wird). Und beides, Erfahrung und Erkenntnis sind Bewusstseinsprozesse.

Und was war davor?

Stellen wir uns folgende Fragen:

Wo kommt die Matrix eigentlich her?

Wer hat diese Matrix eigentlich „gemacht“ oder erschaffen?

Wurde diese Matrix überhaupt von irgendjemandem „gemacht“ und hat sie überhaupt einen „Anfang“, einen Anbeginn?

Die Antwort der Gnostiker darauf war, dass die immanente, innewohnende Heile Matrix von einer vollkommenen Göttlichkeit am Anfang der Zeiten erschaffen

Wenn wir von einem Anfang, also von einem Anbeginn und einer „Schöpfung“ ausgehen, erzeugt die Frage „Was war vor dieser Schöpfung“ ein Paradoxon. Der Haken liegt an in der linearen Zeitvorstellung.

Wenn wir aber von einem Modell ausgehen, in dem die Zeit zyklisch und lebendig wiederkehrend ist, wie ein Kreis, dann existiert weder ein Anbeginn, noch ein Ende. Dann sind wir immerwährendes bewusstes Sein in dynamischen Wandlungsprozessen.

worden war. Das sich daraus entfaltende Matrixfeld wurde vom Demiurgen korrumpiert und manipuliert, damit dieser daraus jene Realität erschaffen konnte, in der wir heute leben.

Die Gnostiker gehen da von einem Anfang, einem Urbeginn aus. Sämtliche Religionen tun dies und sprechen von einem Schöpfer, einem Schöpfergott. Doch diese Sache hat einen gravierenden Haken! Wenn alles tatsächlich irgendwann einmal erschaffen worden war, was war dann davor? Was tat dieser Schöpfergott die ganze Zeit, die vor seiner Schöpfung lag? Saß er irgendwo in einem nicht existierenden Universum herum und fühlte sich einsam? Wie lange hat diese göttliche Einsamkeit angedauert und welchen Sinn hätte so etwas überhaupt? Und wo kommt dann dieser Schöpfergott her, wer hat ihn selbst gemacht oder wann war sein eigener Anfang?

Wir sehen, dass da irgendetwas grundlegend nicht stimmen kann. Der Haken an der Sache ist der Begriff der Zeit. Egal wo wir den Beginn des Universums ansetzen, unabhängig davon, ob wir das mit einer religiösen Schöpfung oder mit einer wissenschaftlichen Urknalltheorie beschreiben, diese Vorstellungen fallen jedes Mal hilflos in sich zusammen, wenn wir die einfache Frage stellen:

Und was war davor?

Der Haken liegt im Verständnis der Zeit. Hier einfach zu behaupten, dass es die Zeit gar nicht gäbe, dass die Zeit eine Illusion wäre, das ist zu billig. Wir erleben die Zeit und erfahren sie, die Zeit ist für uns eine grundlegend erfahrbare Realität, die in der dahinterliegenden Matrix eine Entsprechung haben muss. Doch unser Verständnis von der Zeit ist offenbar sehr fragwürdig.

Wir stellen uns die Zeit als einen linearen Ablauf vor. Wir meinen, dass der Gegenwartspunkt (der angeblich so klein ist, dass er gar keine Ausdehnung hat) sich unablässig nach vorne verschiebt. Doch die Quantenphysik zeichnet hier bereits ein ganz anderes Bild. Dort spricht man von „Ereigniswellen“. Und diese Ereigniswellen strahlen sowohl in die Zukunft, als auch in die *Vergangenheit* aus!

Wenn also jetzt etwas geschieht, so wirkt sich das auf die Zukunft aus. Das ist uns völlig klar und entspricht unserer alltäglichen Erfahrung. Wenn ich heute nichts zum Essen einkaufe, wird mir das morgen abgehen (besonders dann, wenn morgen Sonntag ist und die Geschäfte geschlossen haben). Doch das Wirken der Ereigniswellen auf unsere Vergangenheit ist für uns unvorstellbar und ein Zeitparadoxon. Das würde nämlich bedeuten, dass die Aktionen, die ich heute setze, das verändern, was gestern war. Und das, was ich morgen tun werde, wirkt bereits auf das, was heute ist. Wenn ich also morgen erst einkaufen werde, habe ich bereits heute etwas davon? Das klingt zwar völlig absurd, doch die Erkenntnisse aus der Quantenphysik legen uns genau das nahe!

Es handelt sich bei diesen Überlegungen um das Verständnis der Gegenwart. Dass die Gegenwart ein winzig kleiner Jetzt-Punkt ohne Ausdehnung wäre, ist wohl eine Illusion in der Schattenwelt. Die tatsächliche Matrix der Zeit hat sicherlich eine Gegenwartsausdehnung. Befinde ich mich also in der heilen Form der Urmatrix, wird es mir möglich, im Jetzt auch die Vergangenheit zu verändern. In der Heilen Matrix der Zeit wird es sehr wohl eine Vergangenheit und eine Zukunft geben, wobei aber beides von der Gegenwart beeinflusst und geformt wird. Dort, in diesem Bild der Zeit, nimmt die Gegenwart einen Raum ein und dehnt sich aus, dort haben wir im Jetzt große Freiheitsgrade, um unser vergangenes und unser zukünftiges Sein zu formen und zu gestalten.

Da bleibt uns aber immer noch die Frage nach dem Anfang, dem Beginn von allem. Diese Schöpfungstheorien, die von einem Anfang allen Seins ausgehen, fallen mit der so simplen Frage „Und was war zuvor?“ völlig in sich zusammen! Das bedeutet, dass unser Bild von der linearen Zeit irgendwie nicht stimmen kann. Wenn wir eine Linie zeichnen, so beginnt diese irgendwo, auch wenn wir sie ewig lange nach vorne hin weiterziehen.

Was aber, wenn diese Linie gar nicht ewig lange gerade aus läuft?

Was wäre, wenn diese Linie der Zeit irgendwann und immer wiederkehrend an ihren „Anfangspunkt“ zurückkehrt?

Wäre es nicht denkbar, dass diese Zeitlinie gar keine Linie, sondern ein Kreis oder ein kreisähnliches Gebilde wäre?

Denn solch ein Kreis hat weder einen Anfang, noch ein Ende. **Eine kreisende Zeit ist zyklisch und immer wiederkehrend. Eine zyklische Zeit wird dann zu einem lebendigen Gebilde, das in sich selbst eine Vielzahl von komplexen Zyklen aufbauen kann, sich selbst verändert und gestaltet und ein eigenes Zeitbewusstsein entwickelt!**

Ich meine nun, dass wir mit diesem Modell der Zeit wesentlich weiter kommen und der tatsächlichen Matrix der Zeit durchaus nahe gekommen sind!

Im Modell einer zyklisch wiederkehrenden lebendigen Zeit gibt es keinen Schöpfer, der am Beginn, am Anfang von allem (aus welchem Grund auch immer) Welten und Universen erschafft. Wohl aber existiert dann ein großes allumfassendes Bewusstsein in einem evolutionären Wandlungsprozess, das alles durchdringt und alles entstehen lässt. Der „Schöpfer" ist dann nicht mehr ein Fremder im Außen. Der Schöpfer ist dann das große bewusste Sein, der große Geist, dem wir selbst angehören und der wir selbst sind.

Wir sind mit diesem Gedanken keineswegs alleine.

Die Mayas, die sich so intensiv wie kein anderes Volk mit der Matrix der Zeit beschäftigt hatten, waren in der Lage, einen zyklischen Kalender zu entwickeln, aus dem sie die Muster der Zeit und die Wirkung der Zeitkräfte auf ihre damalige Kultur ablesen konnten. Die Zyklen des Maya-Kalenders basierten grundsätzlich auf **20** und **13** Tagen, sowie auf dem **13 * 20** = 260 tägigen Tzolkin. Das ist insofern bemerkenswert, da die 13 Tage und die 260 Tage in unserer Embryonalentwicklung eine derart entscheidende Rolle spielen, und da die **20** in den Vorgängen in unserer DNA immer wieder auftritt.

Auch im Buch der Wandlungen, im I Ging, ging es um die immer wiederkehrende Veränderung. Nichts bleibt so, wie es ist, das Starke wandelt sich und wird weich, während das Weiche wieder stark wird. Das I Ging wurde vor allem von den Königen als Zukunftsorakel verwendet. Und auch hier wurde die Kraft der Zeit nicht als bloßer linearer Ablauf, sondern als komplexes, lebendiges und bewusstes Wesen verstanden.

Ähnliches gilt für die Mysterienschulen der Alchemie. Die Transmutation war dort das zentrale Thema, das Erleben der Wandlung und der Veränderung, um dadurch die Matrix zu begreifen und zu erkennen. Auch hier wurde demnach die Zeit als etwas Lebendiges verstanden, als wandelnde Kraft, die selbst ein Wesen besitzt und sich selbst, ihr eigenes Wesen, verändert.

Wenn wir die Zeit als eine organische und lebendige Struktur verstehen, als zyklische und wiederkehrende Kraft, vereinfacht als Kreis sehen, dann brauchen wir die Frage nach einem Anfang (und natürlich auch die nach einem Ende) nicht mehr stellen. Es gibt weder einen Beginn von allem, noch ein Ende. Alles Sein und alles Bewusstsein, unser eigenes bewusstes Sein und das jeden Lebens, all das hat niemals einen Anfang genommen, sondern war immer schon da! Wir, unser Bewusstsein, durchlaufen in der Matrix der Zeit stets Wandlungsprozesse, verändern unser Wesen und unsere Erscheinungsformen, sind aber in diesem Bild der zyklisch sich drehenden Zeit immerwährend.

Dieses wirklich freie und befreiende Bild hat allerdings durchaus auch einen stark „blasphemischen“ Charakter. Die Frage nämlich, welcher „Gott“ uns denn am Anfang „gemacht“ hätte (und wem wir daher für immer und ewig untertänig dienen müssten) fällt dadurch ebenfalls weg. Einen Schöpfer, der an unserem

Anbeginn steht, kann es demnach gar nicht geben, da unsere Existenz gar keinen Anbeginn hat!

Wer sind wir?

Wenn ein fremder, außerhalb von uns existierender „Schöpfer“ als Erklärung für den Beginn allen Seins ins Wasser gefallen ist, bleibt die anfangs gestellte Frage noch immer offen.

Woher kommt die Matrix?

Aber gerade das Bild der zyklischen, immer wiederkehrenden und lebendigen Zeit führt uns auf die richtige Spur. Wenn es also weder einen Anfang, noch ein Ende gibt, ist unser bewusstes Sein, unser Bewusstsein immerwährend.

Um das zu verstehen ist es wesentlich, unser Bewusstsein keineswegs als individuelles Privatvergnügen anzusehen. Ein individuelles Bewusstsein, das isoliert und abgegrenzt vom Bewusstsein des anderen oder der anderen ist, solch ein „asoziales“ Bewusstsein existiert nicht. Wenn in unserem Körper einzelne Zellen mit der Gesamtheit des Organismus nicht mehr kommunizieren, wenn sie sich vom kollektiven Zellbewusstsein isolieren, beginnen sie zu wuchern.

Die Frage „Wer bin ich?“ kann nicht beantwortet werden, wenn nicht die Frage „Wer sind wir“ gestellt wird!

Unser bewusstes Sein ist Teil des kollektiven bewussten Seins. Dieses kollektive Sein baut sich über immer komplexere und größer werdende Kreise auf. Es beginnt im persönlichen Umfeld, zieht sich über die persönliche Ahnenreihe, umfasst mehr und mehr den persönlichen Lebensraum, dehnt sich auf die gesamte Weltenseele aus und geht dann nach und nach über in das allumfassende kosmische Bewusstsein.

Ich bin im „Wir sind“, nur mit diesem Ansatz kann Bewusstsein überhaupt verstanden werden.

Wenn also dieses bewusste Sein, das Wir sind, weder einen Anbeginn, noch ein Ende hat, ist es naheliegend, dass auch die Matrix ein Produkt dieses allumfassenden Bewusstseins ist. Die Matrix ist dementsprechend ein schöpferischer Akt von uns selbst. Wir selbst sind die Schöpfer dieses Urprogramms, du und ich und dein Nachbar (auch wenn er dich gerade nervt), wir alle, aber nicht als einzelne Individuen, sondern als Gesamtheit mit allem!

Wir selbst haben diese Matrix programmiert, aus der heraus sich das Matrix-

Wir können uns der Antwort auf die Frage „Wer bin ich?“ nur dann annähern, wenn wir diese Frage erweitern auf „Wer bin ich im ‚Wir sind‘?“

Wenn wir die Heile Matrix und das sie erschaffende Bewusstsein verstehen wollen, müssen wir auch begreifen, dass ein isoliertes unabhängiges Bewusstsein nicht existieren kann. Bewusstsein ist kein Privatvergnügen, sondern stets ein kollektiver Prozess!

feld und daraus die physische Realität entwickelt haben. Wir sind geniale Schöpferwesen, die sich offenbar eine Wirklichkeit erschaffen haben, auf der sie Erfahrungen machen und Erlebnisse haben wollen.

Das ist durchaus vergleichbar mit Programmierern in der EDV, die ein Computerspiel kreieren, in das die Spieler eintauchen können, um darin etwas zu erleben. Die dahinter liegenden Programme des Spiels entsprechen dabei der Matrix, während das auf dem Bildschirm sichtbar werdende Spiel unserer Realität entspricht.

Wenn wir uns selbst als die Schöpfer der Matrix begreifen, wird es auch verständlich, warum wir überhaupt in der Lage sind, das Matrixfeld zu manipulieren und zu verfremden. Wir kennen diese Matrix, unser Bewusstsein denkt so, wie die Matrix denkt. Daher verändern wir dieses uns umgebende Matrixfeld, mit jedem Gedanken und mit jeder Emotion, unabhängig davon, ob wir dies gezielt wollen oder nicht.

Dieser Schöpfer, diese vollkommene Göttlichkeit, von der die Gnosis spricht, sind demnach wir selbst. Es existiert kein anderer, fremder Schöpfer, der wir nicht sind. Das klingt zwar blasphemisch, doch die tatsächliche Blasphemie, die von wohl allen Religionen betrieben wird, besteht wohl darin, zu behaupten, dass wir nicht Gott sind und dass dieser Schöpfer ein „fremder" sei!

Wenn wir nun uns selbst als Schöpfer begreifen, als diese vollkommene Göttlichkeit, dann ist auch der Demiurg, der manipulierende Gott der Gnostiker, Teil von uns selbst. Das ist ein außerordentlich wichtiger Gedanke, wenn wir die Matrix tatsächlich erkennen und wenn wir die verfremdete Matrix auch wirklich korrigieren wollen!

Auch der Demiurg sind wir selbst! So klar die Gnosis in ihrem Erkennen auch war, mit ihrem Dualismus von Gut und Böse ist sie ziemlich in die Irre gegangen. Das eröffnet nämlich einen Nährboden für die „gerechten" Kriege. Wenn wir im Außen das Böse sehen und uns selbst als „die Guten" definieren, schaffen wir eine mächtige Projektionsfläche für alle Probleme und Ungereimtheiten, die wir in Wirklichkeit in uns selbst tragen und nicht lösen können.

Das, wovor wir uns schützen wollen, das, was wir im Außen bekämpfen, entspringt demselben großen Bewusstseinsfeld, das wir selbst sind. Wenn wir im Außen das „Böse" bekämpfen, ziehen wir gegen jemanden in den Krieg, mit dem wir untrennbar verbunden sind.

Wenn wir jemanden vernichten, vernichten wir uns selbst.

Das bedeutet nicht, dass der Demiurg, der Verfremder und Manipulator des Matrixfeldes nicht existiert, unabhängig davon, ob wir ihn als reale Persönlichkeit, oder als wirkendes Bewusstseinsfeld sehen. Es existieren jene Kräfte, die uns im Schattendasein der Höhle festgebunden haben. Der Dualismus von Gut und Böse ist allerdings nicht die Lösung dieses Problems, im Gegenteil: Je stärker wir gegen das „Böse“ ankämpfen, umso massiver wird dessen Macht über uns werden!

Daher war es mir im ersten Kapitel dieses Buches so wichtig, dass wir verstehen, dass wir selbst die „Wächter“ sind. Wir sind sie gegenüber uns selbst und gegenüber unserem Umfeld. Wir tragen all das in uns selbst, was wir nur allzu gerne im Außen als das „Böse“ bekämpfen wollen!

Wozu dieses Spiel?

Wir selbst sind also die Schöpfer der Matrix, oder genauer gesagt unser aller bewusstes Sein. Wir haben eine immanente Heile Matrix erfunden und erschaffen, jenen unmanipulierbaren, lebendigen inneren Kern, der jedem Sein, jedem Leben innewohnt. Diese Heile Matrix geht in völligen Einklang mit einem großen Evolutionsplan, einem großen Entwicklungsplan, der jedes individuelle Leben, das gesamte Weltgeschehen, die Entwicklung der Weltenseele bis hin zu den Entwicklungsprozessen der großen Galaxien mit einbezieht.

Aus dieser Heilen Matrix heraus hat sich ein beeinflussbares und veränderbares Matrixfeld entwickelt, das in einem immerwährenden Kontakt mit dem inneren Kern der Heilen Matrix verbunden bleibt. Dieses veränderbare Matrixfeld erschafft die Realität, die real erlebbare Wirklichkeit.

Und dann kamen wir auf die Idee, den Demiurgen zu erfinden, jenen mächtigen „Gott“, der das Matrixfeld manipuliert, verfremdet und aus seiner Verbundenheit mit der Heilen Matrix herausgerückt hat. Dieser verrückte Gott, dessen Treiben sehr gut im Alten Testament in der Gestalt des Jahwes beschrieben wird, hat das Matrixfeld verrückt, um selbst an Macht zu gewinnen.

Warum nur erfinden und spielen wir ein derart sonderbares Spiel?

Wollen wir herausfinden, ob die Verbindung des Matrixfeldes mit der inneren Heilen Matrix bestehen bleibt, auch wenn mit Gewalt dagegen gearbeitet wird?

Brauchen wir den Demiurgen als „Kontrastenergie", um die Realität, die aus der Matrix heraus entstanden ist, intensiver erleben zu können? Oder ist es bloß ein Kampfspiel, bei dem wir herausfinden wollen, wer gewinnt? Es wird wohl in all dem eine Wahrheit liegen. Wir wollen offenbar Erfahrungen machen, da unser Geist, unser Bewusstsein, unser ganzes Wesen darin einen Weg erkannt hat, um den großen Evolutionsplan voranzutreiben.

Was ist Bewusstsein?

Also, was ist Bewusstsein eigentlich? Bewusstsein ist die Fähigkeit, das eigene bewusste Sein wahrzunehmen. Wir sind fähig, uns selbst gegenüber eine Beobachterposition einzunehmen. Gerade darin liegt ja der **Schlüssel für die Befreiung aus dem Schattendasein der Höhle, in der Beobachterposition!**

Dadurch aber, dass ich mich selbst als Individuum wahrnehme, bin ich auch manipulierbar. Der „Demiurg" und die Wächter in uns selbst manipulieren unsere Gedanken dahingehend, dass wir meinen, dass dieses „Ich bin", das wir ja erkennen, etwas anderes sei als das

„Du“. Und sobald wir unser „Ich bin“ als isoliertes Dasein ansehen, sind wir im Schattendasein gefangen.

Auch hier liegt der Schlüssel zur Befreiung, im Erkennen, dass dieses „Ich bin“ ein untrennbarer Teil des großen Bewusstseinskollektives, des „Wir sind“ ist.

Wir sehen, mit welcher Methodik die Wächter in uns arbeiten. Sie verwenden stets das Werkzeug der Trennung, der Isolation, des Herausrückens und Verrückens aus der Verbundenheit mit dem Ganzen, mit der immanenten Heilen Matrix.

Fragen wir nun einmal unsere anerkannte Wissenschaft, was Bewusstsein nun eigentlich sei. Wie nicht anders zu erwarten ist, kommt die Wissenschaft aufgrund ihres materialistisch geprägten Weltbildes bei dieser Frage ziemlich ins Schwitzen. Auch hier, in den anerkannten Wissenschaften, regiert der analytisch trennende Geist.

Es wird hier versucht, das Bewusstsein mit den neuronalen Vorgängen in unserem Gehirn gleichzusetzen. Das materialistische Weltbild sieht uns als Produkt von zufälliger Willkür, in der eine völlig willkürlich ablaufende Evolution zufällig einen Menschen mit einem Gehirn

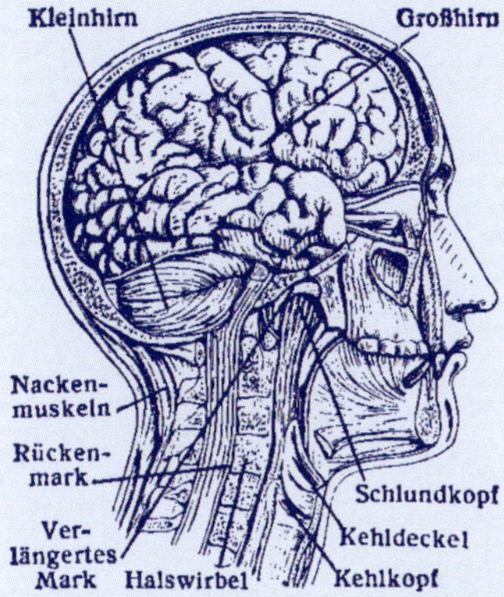

Wie detailliert wir das menschliche Gehirn auch erforschen, können wir aus den neuronalen Gehirnfunktionen heraus das Bewusstsein niemals erklären.

Die „Qualia“, die Fähigkeit, etwas bewusst zu erleben und sich selbst in die Rolle des Beobachters zu begeben, entzieht sich der auf der rein materiellen Ebene sezierenden Wissenschaft.

erschaffen hat, ein Gehirn, in dem es zu chemischen Reaktionen kommt, die zufällig ein Bewusstsein ergeben.

Diese Erklärung ist sowohl ziemlich schwach, als auch nicht im Geringsten haltbar. Es ist zwar richtig, dass bewusste Vorgänge mit bestimmten Reaktionen im Gehirn einhergehen, doch das erklärt keineswegs das Bewusstsein an sich. Wären wir ein rein materielles Produkt, würden wir nicht wissen, wer wir sind und lediglich funktionieren (sofern das überhaupt möglich wäre).

Die Naturwissenschaft hat dieses Problem allerdings erkannt. Man spricht hier vom „Qualiaproblem". Als „Qualia" wird die Fähigkeit bezeichnet, etwas bewusst erleben zu können. Und wie exakt die Naturwissenschaften die Vorgänge in unserem Gehirn auch erforschen können, bleibt eine Erklärung für die Qualia und somit eine Erklärung für das vorhandene Bewusstsein aus dieser Perspektive unmöglich.

Eine bemerkenswerte Ausnahme in diesem Spiel bleibt der Quantenphysiker Burkhard Heim, der in seiner einheitlichen Feldtheorie das Bewusstsein mit einbezieht!

Bleiben wir daher bei unseren eigenen Bildern. Da haben wir das Bewusstsein, das große, allumfassende universelle Bewusstsein, als jene vollkommene Göttlichkeit beschrieben, welche die Matrix in kreativen Prozessen erschaffen hat.

Die gesamte Matrix baut sich auf über eine immanente Heile Matrix und ein sich um sie herum bildendes Matrixfeld. Und genau das entspricht der Struktur des Bewusstseins, nämlich sowohl des kollektiven universellen Bewusstseins, als auch des individuellen persönlichen Bewusstseins.

Hier bezeichneten wir als **Erstes Bewusstsein** jenen unbeeinflussbaren, mit der Heilen Matrix und dem Evolutionsplan stets verbundenen Aspekt in uns selbst, der sich in unserer eigenen Mitte befindet. Über dieses Erste Bewusstsein sind wir jederzeit mit allem verbunden und begreifen uns als Teil des Ganzen, als das Ich bin im Wir sind. Dort, in diesem Ersten Bewusstsein finden wir jenen inneren Kompass, der uns im Einklang mit dem großen Evolutionsplan leitet.

Das **Zweite Bewusstsein** ist jener Bewusstseinsaspekt, über den wir unsere Alltagsrealität wahrnehmen. Wir verarbeiten und bewerten die alltäglichen Erlebnisse und Eindrücke über dieses zweite Bewusstsein, in dem eine ununterbrochene Schleife an Gedanken läuft. Wir denken ohne Unterlass und wenn es nichts zu denken gibt, läuft hier belangloses „Zeugs“ ab. Dieses zweite Bewusstsein entspricht dem umgebenden Matrixfeld. Dieses zweite Bewusstsein ist keineswegs schlechter oder minderer als das erste, es ist sogar überlebensnotwendig. Es ist aber durch seine Beschaffenheit manipulierbar und prägbar. Und in diesem unserem zweiten Bewusstsein wohnen die „Wächter“. Dieses zweite Bewusstsein kennt nichts anderes als die Spiele der Schattenwelt und es ist mit den neuronalen Vorgängen in unserem Gehirn innig verbunden.

Bisher war die Beschreibung des Ersten und des Zweiten Bewusstseins nur eine Theorie, ein Modell, über das wir die Matrix und ihre Struktur sehr gut verstehen und erkennen konnten. Schauen wir uns nun ein wissenschaftliches Experiment an, für dessen Ergebnisse es keine plausiblen Erklärungen gibt. Unser nichtlineares Zeitmodell und unser Bild über das Erste und Zweite Bewusstsein können auf die Fragen, die dieses Experiment aufwirft, allerdings Antworten geben.

Wer entscheidet?

Wenn wir z. B. mit unserer Hand eine Bewegung ausführen, wissen wir ziemlich genau, wie das in unserem Körper abläuft. Zuerst wird in unserem Gehirn (und zwar genauer gesagt in der Großhirnrinde im „Motorkortex") diese Bewegung eingeleitet. Das Gehirn gibt also den Befehl, z. B. in der rechten Hand den Zeigefinger nach oben zu bewegen.

Dann dauert es unvorstellbar lange, bis sich die Muskulatur im rechten Zeigefinger auch tatsächlich zu bewegen beginnt, nämlich eine ganze Sekunde! Und da kann offenbar etwas nicht ganz stimmen. Denn wenn wir z. B. beschließen, ein Email in die Tastatur unseres Computers einzutippen, vergeht zwischen der Entscheidung, einen Buchstaben anzutippen und dem tatsächlichen Antippen dieses Buchstaben sicherlich keine ganze Sekunde.

Das oder eine ähnliche Überlegung war der Ausgangspunkt für den Physiologen Benjamin Libet, der im Jahr 1979 folgendes Experiment durchführte, das dann bald wegen des verblüffenden Ergebnisses sehr heftig diskutiert wurde und als das Libet-Experiment bekannt wurde: Er bat etliche Versuchspersonen, sich zu einem von ihnen selbst gewählten Moment bewusst dafür zu entscheiden, die rechte Hand zu bewegen. Gemessen wurde der Zeitpunkt, zu dem der Motorkortex im Gehirn aktiv wurde (mittels EEG), dann der Zeitpunkt, zu dem die Muskulatur in der rechten Hand mit der

Der Prozess, eine bewusste Bewegung durchzuführen, vollzieht sich in drei Stufen:

1. Es findet die bewusste Entscheidung statt, diese Bewegung zu tun.

2. Das Gehirn funkt den Bewegungsbefehl an die entsprechende Muskulatur.

3. Der Muskel selbst führt die Bewegung durch.

Genau in dieser Reihenfolge würden wir es erwarten. Das Libet-Experiment hat aber nachgewiesen, dass die Bewegung der Muskulatur bereits stattfindet, noch bevor (!) die Entscheidung dafür getroffen wurde!

Bewegung auch tatsächlich beginnt (mit einem Elektromyogramm) und der Zeitpunkt der bewussten Entscheidung.

Wir würden jetzt natürlich erwarten, dass die bewusste Entscheidung zuerst kommt, dass dann das Gehirn zu Funken beginnt und zum Schluss die rechte Hand endlich ihre Bewegung durchführt. Doch dem war nicht so!

Das Gehirn beginnt bereits *eine ganze Sekunde vor der bewussten Entscheidung* den Befehl auszusenden und die Muskulatur leitet ihre Bewegung bereits 0,2 Sekunden *vor der bewussten Entscheidung* zur Bewegung ein, damit die tatsächliche Bewegung und die Entscheidung, diese Bewegung durchzuführen, ziemlich zeitgleich zusammen fallen!

Das erklärt uns zwar, warum wir für das Schreiben eines Emails nicht ewig brauchen, es stellen sich aber ganz dringend folgende Fragen: Woher wusste das Gehirn *bereits eine Sekunde zuvor*, dass die Bewegung der rechten Hand in einer Sekunde stattfinden sollte?

Warum fällt die bewusste Entscheidung für die Bewegung erst dann, wenn alles schon vorbei ist? Und von wem wird die Entscheidung, die rechte Hand zu bewegen, dann wirklich getroffen, wenn das offensichtlich gar nicht wir selbst sein können?

Dieser Versuch wurde umfassend kritisiert, denn das kann jetzt wirklich nicht sein!

Im Jahr 1999 wurde dieser Versuch vom Neurophysiologen Patrick Haggard und vom Psychologen Martin Eimer in einer verfeinerten Form wiederholt. Es ging dabei vor allem darum, den Zeitpunkt der bewussten Entscheidung noch exakter zu bestimmen. Und siehe da, sie kamen zu demselben Ergebnis! Die bewusste Entscheidung findet erst dann statt, wenn bereits alles vorbei ist.

Was geschieht da? Sind wir bloß Marionetten an unsichtbaren Fäden, denen man vorgaukelt, dass das, was sie tun, von ihnen selbst entschieden worden war? Oder gibt es eine andere Erklärung für dieses aufwühlende Ergebnis?

Eine Erklärung besteht darin, dass unser Bewusstsein an die Linearität der Zeit nicht so strikt gebunden ist, wie wir meinen. Damit die Entscheidung, eine Bewegung durchzuführen, nicht jedes Mal eine ganze Sekunde verstreichen lassen muss, um diese Bewegung tatsächlich zu vollziehen, müsste das Bewusstsein in der Lage sein, eine Zeitreise in die Vergangenheit durchzuführen. Damit

Entscheidung und Bewegung im selben Moment stattfinden können, muss das Bewusstsein die Auswirkung der jetzigen Entscheidung bereits in der Vergangenheit, nämlich eine Sekunde zuvor, auslösen.

Wenn wir an unsere Überlegungen über die Zeit zurückdenken, an die quantenphysikalische Ereigniswelle, die in die Vergangenheit zurückreicht, wäre das durchaus denkbar. Das würde aber bedeuten, dass jede unserer Entscheidungen unmittelbar und sofort die Vergangenheit verändert. Unser Gehirn beginnt also jetzt bereits zu arbeiten, weil wir in einer Sekunde die Entscheidung treffen werden, diese oder jene Bewegung auszuführen.

Eine andere Erklärung bestünde darin, dass es gar nicht unser Alltagsbewusstsein ist, welches die Entscheidungen trifft. Wir haben dieses alltägliche Bewusstsein das Zweite Bewusstsein genannt. Wenn nun das Erste Bewusstsein die tatsächliche Entscheidung trifft, würde das so aussehen: Das Erste Bewusstsein entscheidet, eine bestimmte Bewegung auszuführen.

Es gibt daher den Befehl an das Gehirn, entsprechend zu funken. Dann startet der Muskel mit seiner Bewegung und dann erst sagt das Erste Bewusstsein dem zweiten, welche Entscheidung getroffen worden war.

Wahrscheinlich aber liegt die Wahrheit in einer Verbindung aus beiden Theorien. Das Zweite Bewusstsein ist mir zu sehr an die alltägliche Wahrnehmung und an die Linearität der Zeit gebunden, um ihm andauernd stattfindende Zeitreisen zuzutrauen. Wahrscheinlich ist es das wesentlich freiere Erste Bewusstsein, das diese Aufgabe übernimmt.

Wie weit?

Wie weit reicht mein Bewusstsein?

Wenn wir diese Frage an unser Alltagsbewusstsein, an das Zweite Bewusstsein stellen, wird die Antwort etwa so lauten: Soweit ich spüren, hören und sehen kann. Denn das, was ich spüre, höre und sehe, kann ich bewusst erleben.

Diese begrenzende Antwort stammt allerdings nicht aus unserem Zweiten Bewusstsein selbst, sondern viel mehr aus jenen Programmen, die darin implantiert wurden.

Ich meine damit jene isolierenden Verrückungs-Programme, die uns aus der Verbundenheit mit allem Sein herauslösen wollen. An sich wäre es aber gerade jenes Zweite Bewusstsein, das die Weite kennen sollte, wie wir gleich sehen werden.

Stellen wir diese Frage nun an unser Erstes Bewusstsein, werden wir eine ganz andere Antwort erhalten. Unser Erstes Bewusstsein kennt die grenzenlose Weite, da es gegenüber den Isolierungsprogrammen gänzlich immun ist. Dieses Erste Bewusstsein weiß, dass das eigene bewusste Sein in einer ununterbrochenen, lebendigen Wechselwirkung mit allem bewussten Sein des gesamten Universums steht.

Über dieses Erste Bewusstsein können wir sehr gut verstehen, was es bedeutet, ein Individuum zu sein, das mit allem verbunden und verwoben ist. Das Erste Bewusstsein versteht sehr genau das Sein des „Ich bin im Wir sind“.

Unser Sein ist unbegrenzt und weit. In der Mitte unseres Seins existiert der lebendige Kern des Ersten Bewusstseins, der in ständiger Verbindung mit dem Evolutionsplan der Heilen Matrix agiert. Darum herum entfaltet sich das Feld des Zweiten Bewusstseins, über das wir jene Wirklichkeiten erleben, die aus dem Matrixfeld entspringen.

Unser gesamtes Sein besteht aus einer immanenten Verdichtung und einer sich daraus entfaltenden unendlichen Weite. Diese zentrale Verdichtung ist es, durch die wir uns selbst als Individuum wahrnehmen können. Das haben wir in unserer Geschichte sehr gut begriffen und sogar überzeichnet. Doch das Verständnis, dass wir uns aus dieser zentralen individuellen Konzentration heraus ins unendlich Weite ausdehnen, haben wir verlernt.

Wir haben sogar Angst davor, uns zu weiten, da wir meinen, dass durch dieses Eingehen in die Weite unser individuelles Sein verloren ginge. Wir ergreifen sogar vehemente Maßnahmen, um uns vor den Einflüssen und „Energien" des anderen zu „schützen" (was besonders in „spirituellen" Kreisen ein beliebtes Thema ist).

Doch genau dadurch verlieren wir uns selbst. Wenn wir uns aus der Verbindung mit dem Umfeld isolieren, vergessen wir, wer wir sind.

Wenn wir einen Blick in den weiten Kosmos wagen, verstehen wir, was damit gemeint ist. Dort, im weiten kosmischen Raum, sehen wir unseren wunderschönen blauen Planeten Mutter Erde. Um sie herum entfaltet sich ein Gravitationsfeld, die Erdanziehungskraft. Je näher wir uns zur Erde hin bewegen, umso stärker wird dieses Feld spürbar, umso

stärker wird seine Wirkung auf uns. Gehen wir weiter weg, nimmt die Wirkung auf uns ab.

Dann verlassen wir das Sonnensystem und wir spüren die Erde noch immer. Dann reisen wir weit, sehr weit bis in die Mitte der Galaxie, und siehe da, die Erde, die wir längst nicht mehr sehen können, wirkt immer noch auf uns. Und dann verlassen wir sogar unsere Galaxie, reisen zu fernen unbekannten Galaxien, reisen so weit, dass nicht einmal das Licht unserer Milchstraße uns mehr erreicht. Und siehe da, die Erde spüren wir immer noch!

Das Gravitationsfeld der Erde verwebt sich mit dem Feld des Mondes, der Venus, der Sonne, mit allen Sternen unserer Galaxie und mit allen Galaxien, die es gibt. Aus diesem Webmuster an Kräften entsteht ein lebendiges, sich ständig wandelndes, aufeinander bezogenes riesiges Kraftfeld, in das die Erde sich selbst einbegibt.

Und dennoch behält sie, die Mutter Erde, ihr eigenes, lebendiges Zentrum und ihr eigenes Sein im Einklang mit allem Sein.

In unserem Zweiten Bewusstsein existiert ein Programm, das uns tatsächlich „verrückt" macht. Dieses Programm lautet: „Ich bin ich und ich bin nicht du. Ich bin begrenzt und abgeschlossen und muss mich vor Angriffen im Außen schützen. Und das, was mir gehört, gehört nicht dir.“

Es ist eindeutig nachvollziehbar, dass dieses Programm, das sich vor allem über den exklusiven Besitz äußert, erstmals nach der Hochkultur des Neolithikums (der Jungsteinzeit) vehement auftritt.

Das ist jene Zeit, in der die Götter erscheinen und die Äußerungen des Demiurgen schriftlich aufgezeichnet wurden („Altes Testament“). Diese Entwicklung war allerdings fatal, da wir aus einer weiten und offenen Wahrnehmung der Welt in eine enge, begrenzte Weltanschauung der Schutzbedürftigkeit hinein schlitterten.

Gerade diese Weltsicht macht uns weder glücklich, noch lebendig. Sie behindert unsere Entwicklung, unsere Entfaltung, unseren inneren Evolutionsplan, der so sehr gelebt und erlebt werden möchte.

Ich zeige hier eine ganz einfache Übung, die uns aus diesem verrückten Zustand heraus holt und uns wieder in einen lebendigeren Kontakt mit unserem Ersten Bewusstsein bringt.

Der Horizont

Diese Übung ist ganz einfach:

Schaue, wann immer es dir möglich ist, auf den Horizont, den du gerade sehen kannst (bitte nicht, wenn du über die Straße gehst, mit dem Auto fährst oder etwas anders tust, bei dem deine Aufmerksamkeit gefordert ist). Schau auf den Horizont, so weit, wie es dir möglich ist. Schau wirklich und genau hin. Du siehst eine Hügelkette, du siehst einen Baum, du siehst ein Haus. Betrachte all das ohne besondere Absicht, nur mit dem Wunsch, das, was du siehst, zu *erfahren* und zu *erleben*.

Du wirst merken, dass du sehr schnell beginnst, irgendetwas zu denken, oder dich irgendwohin davon zu träumen. Deine Aufmerksamkeit wird, besonders wenn du mit dieser Übung beginnst, sehr schnell abgelenkt werden. Deine Augen werden dann zwar auf den Horizont gerichtet sein, du wirst ihn aber nicht sehen, sondern nur so tun als ob.

Das ist gut so, denn genau darin besteht die Übung ja, genau darin liegt der Effekt dieser Übung! Das Programm nämlich, dass in dir existiert, dich in der Getrenntheit halten will und dein Zweites Bewusstsein nicht in die Weite des mit allem verbundenen Seins entlassen will, dieses Programm mag diese Übung gar nicht! Dieses Programm lenkt dich ab mit irgendwelchen Gedanken und irgendwelchen Belanglosigkeiten.

Beobachte dich, gehe in die Rolle des Beobachters und schau dir zu, was du denkst.

Und dann schau wieder auf den Horizont. Dein *Sehen* wirst du nun etwas länger halten können, ehe das Gedankenrad wieder über dich hereinbricht.

Beobachte abermals das, was du denkst, ohne diesen Gedanken einen Wert und eine Bedeutung zuzumessen. Und gehe dann mit deinem bewussten *Sehen* wieder zum Horizont.

Diese einfache Übung stammt aus den alchemistischen Traditionen und „weitet die Seele“, wie es dort ausgedrückt wird. Der Effekt, den du dadurch bald schon in deinem Leben spüren wirst, ist die Weite und ein klareres Wahrnehmen jener Impulse, die aus deinem Ersten Bewusstsein entspringen.

Du wirst in deinem Leben „Zeichen“ vorfinden. Achte dann auf diese Zeichen und lass dich von ihnen führen. Treffe deine Entscheidungen so, wie es diese Zeichen dir vorgeben. Diese Zeichen entspringen aus den Impulsen, die dein immanentes Erstes Bewusstsein ins Feld eingibt und die dann aus dem Feld (deinem realen Umfeld) zu dir zurück kehren.

Diese Zeichen sind Sätze, Hinweise, Ereignisse, die scheinbar zufällig in dein Leben treten. Es erzählt dir z. B. jemand ohne bestimmte Absicht über eine Veranstaltung, die stattfindet. Und das löst in dir eine positive Resonanz, eine spontane Begeisterung aus. Das ist dann ein solches Zeichen, das du durchaus beachten solltest. Denn dort, auf dieser Veranstaltung, wirst du einem Menschen begegnen, der dir auf deinem Lebensweg entscheidend weiterhelfen wird …

Mach diese Übung mit dem Horizont regelmäßig, wann immer es dir möglich ist und wann immer du Freude daran hast. Du wirst sehen, dass dein Erstes

Bewusstsein dadurch lebendiger und wirkungsvoller werden kann, und dass dein Zweites Bewusstsein eine befreiende Klärung und Erweiterung erfährt.

Wer hält Wache?

Wir sind auf unserer Forschungsreise wiederholt den Wächtern begegnet und haben gesehen, dass sie, die Wächter, die uns im Schattendasein der Höhle festhalten wollen, in uns selbst existieren. Wir haben uns gefragt, woher diese in uns existierenden Wächter stammen. Nach dem Weltbild der Gnostiker sind diese Schöpfungen des Demiurgen. Doch auch wenn dem so ist, sollte es uns doch klar werden, dass auch dieser Demiurg wir selber sind. Wir können nicht von einem „Ich bin im Wir sind" ausgehen und dabei den Demiurgen ausklammern.

Wir selbst sind diese Wächter und diese Wächter sind in uns selbst. Wer diese Erkenntnis nicht akzeptieren kann und weiterhin darauf beharrt, dass alles Böse von außen kommt und dass wir uns davor zu schützen hätten, wer auf das „Böse im Außen" beharrt, der trägt aktiv zu sehr massiven Projektionen in der Schattenwelt bei. Wenn wir „Schuld" und „Ursache" nach außen projizieren, haben wir wenig Möglichkeiten, an die lebendigen Impulse aus unserem immanenten Ersten Bewusstsein heran zu kommen.

Und genau darin besteht der Trick der Wächter. Sie wollen in uns nicht gesehen und nicht erkannt werden. Denn im Licht des Erkennens verblassen ihre Schattengestalten, verlieren sie Macht über uns und müssen uns frei geben.

Die Befreiung und Freiheit aber finden wir in unserem Ersten Bewusstsein. Dort liegt für uns der Schlüssel zu jenem erfüllenden Leben, das sich im Einklang mit unserem eigenen Evolutionsplan befindet.

Die Beobachtung

Es ist die Beobachtung der Wächter, durch die ihr Einfluss auf uns, auf unser tägliches Leben allmählich schwindet. Und dazu gibt es eine ganz einfache Übung, die besonders dann einen starken Effekt erzielt, wenn wir sowohl diese Übung, als auch den Blick auf den Horizont regelmäßig in unser Leben einfließen lassen.

Setz dich irgendwo hin und richte deinen Blick nach Innen. Beobachte, was du denkst und was dir durch den Sinn geht. Das wird in der Regel belangloses

„Zeugs" sein. Du wirst darüber nachdenken, was du mit diesem oder jenem gesprochen hast, was du dann und dann tun solltest, wie du dies oder jenes organisieren müsstest usw. All das sind Gedanken, die dich nicht einen einzigen Schritt weiter bringen, da du jetzt weder dann und dann, noch da oder dort bist. Das sind die Wächter, die gerade ein Spiel mit dir treiben und dich davon ablenken, dass du *jetzt* und *hier* bist.

Das *jetzt* und *hier* mögen deine Wächter gar nicht, denn in diesem *jetzt* und *hier* bist du den Impulsen, die aus deiner Heilen Matrix kommen, sehr, sehr nahe!

Beobachte, was du gerade für „Zeugs" denkst. Vielleicht geht dir auch gerade ein Lied oder eine Melodie durch den Sinn. Beobachte auch das.

Gib dem, was hier in dir abläuft, die volle Aufmerksamkeit, ohne aber das, was du denkst, irgendwie zu bewerten. Wenn du z. B. denkst, dass du am nächsten Tag einen bestimmten Anruf tätigen muss, dann stimme dem nicht zu, denke also nicht „ja, das stimmt", sondern beobachte! Schau dir zu und *beobachte*, dass du an diesen Anruf denkst, und Punkt.

Du bist dann tatsächlich in der Beobachterrolle. Du identifizierst dich nicht länger mit dem Hamsterrad der Gedanken,

Es ist ein Segen, dass wir die Rolle des neutralen Beobachters einnehmen können. Diese neutrale Beobachtung löst Befreiungs- und Klärungsprozesse aus. Beobachtung ist ein geistiger Vorgang, der Licht erzeugt und die Schattenspiele der Wächter verblassen lässt.

Dadurch geschieht eine nachhaltige Klärung unserer Seele.

das in dir abläuft. Das haben die Wächter inszeniert, sie inszenieren es Tag für Tag und in jedem Augenblick. Das bist nicht du selbst! Und du beobachtest (vielleicht mit einem freundlichen Lächeln auf deinen Lippen), was so alles in dir abgeht!

Und dann werden sie müde,
die Wächter.

Dann hören sie auf und es wird still.

In dieser Stille erlebst du eine
unendliche Weite.

In dieser Stille erlebst du
dein Sein im Ersten Bewusstsein.

Dann werden sie wieder kommen, die Wächter, das ist klar. Doch du warst für einige Augenblicke ganz verbunden mit deinem Ersten Bewusstsein. Und diese Augenblicke sind ein wahrer Segen. Diese Augenblicke werden sich ausdehnen, je öfter du diese Übung machst und sie werden jene Impulse, die aus deinem Ersten Bewusstsein entspringen, immer wirkungsvoller in dein reales Leben einfließen lassen.

Du hast dann jenen inneren Kompass gefunden, der dich auf deinem Lebensweg führen und deinen eigenen Evolutionsplan zur Entfaltung bringen will.

Wohin?

Wohin führt uns unser Weg, wenn wir jene Impulse, die aus unserem innewohnenden Evolutionsplan kommen, in unserem Leben wirksam werden lassen? Wie weit kommen wir, wenn wir die Zeichen, die aus unserer immanenten Heilen Matrix entspringen und sichtbar werden, erkennen und uns davon führen lassen?

Dieser Weg führt uns sicherlich aus dem Schattendasein der Höhle heraus. Wenn wir dies wagen, werden wir begeistert sein!

Wir haben bis jetzt einige Übungen kennen gelernt, um mit unserem Ersten Bewusstsein in eine neue, lebendige Verbindung zu kommen. Nun werden wir eine weitere Möglichkeit sehen, bei der wir das Wissen, das wir über die Struktur der Heilen Matrix gewonnen haben, kreativ umsetzen und abbilden. Wir machen die Strukturen der Heilen Matrix sichtbar und kreieren uns damit ein Bild, um über das Betrachten dieses Bildes das Erste Bewusstsein in uns anzuklingen.

Diese Methode ist nicht neu, wir haben sie bei den Schriftzeichen der Hildegard von Bingen bereits gesehen, sowie bei den Mandalas im Hinduismus und Buddhismus, die in die eigene Mitte führen. Es geht uns jetzt um den Weg aus der Höhle. Es geht uns um den Ausgang aus dem Schattendasein. Und wir wissen aus unserer Erforschung der Matrix, dass in der Natur immer wieder Räume offen gelassen werden, dass aus der Matrix heraus Portale mit Freiheitsgraden entstehen.

Erinnern wir uns an das Codon, das sich aus unserem DNA-Code ergibt. Es gibt 64 Möglichkeiten für dieses Codon, doch nur **61** Möglichkeiten wählt die Natur. Sie behält sich drei Freiheitsgrade vor.

Erinnern wir uns an das Periodensystem der Chemie. Das stabile Universum und unsere sichtbare Welt bauen sich aus genau 80 stabilen Elementen auf.

Diese haben die Ordnungszahlen von 1 bis 82, wobei auch hier die Matrix zwei Stellen freilässt und dadurch zwei Portale, zwei „Ausgänge“ schafft, nämlich an den Stellen **43** und **61**. Es geht hier, wo es um Freiräume und Portale geht, beide Male um die Zahl **61**.

Kombinieren wir die beiden Zahlen 43 + 61, so ergibt sich die **104**, wobei diese 104 sich aus den „Primzahlatomen“ 2 * 2 * 2 * **13** zusammen setzt. Und diese **13** kommt wiederum in der

Embryonalentwicklung des Menschen an entscheidender Stelle vor.

Also lassen wir nun unserer Kreativität freien Lauf und erschaffen wir ein sichtbares Kunstwerk, das nicht nur unsere Sinne erfreut, sondern auch dieses Matrixwissen codiert. Die venusische Zahl **13** ist eine zentrale Liebeszahl des Menschen. Daher setzen wir jetzt auf die 13, um den Weg aus der Höhle zu finden!

Andererseits betrachten wir die **43** und die **61** als reale Matrixsymbole, die das Portal des Ausgangs bilden!

Im zweiten Teil des Buches werde ich zeigen, wie wir die **13** sinnvoll und wirkungsvoll darstellen und symbolisieren können. Wir werden dann daraus einen Matrixcode entwickeln, den wir mithilfe jener Strukturen, die wir in der Matrix gefunden haben, berechnen können. Die 13 Symbole, die wir dabei verwenden, werden samt ihrer Bedeutung im nächsten Kapitel beschreiben.

Jetzt machen wir folgendes: Wir rechnen die Zahlen 43 und 61 in das 13er-System um. Das ist eine übliche mathematische Transformation, bei der statt den üblichen 10 Ziffern (0 bis 9) 13 Ziffern verwendet werden. Und das stellen wir über die 13 Symbole und den Matrixcode dar.

Nur am Rande erwähnt: Wenn ich die Zahl 43 ins 13er-System umrechne, ergibt sich die Schreibweise 3 4 (weil 3 * 13 + 4 die Zahl 43 ergibt). Das ist also genau die Spiegelung! Das phänomenale daran ist, dass die Zahl 43 *die einzige Zahl* (von 1 bis 82, also innerhalb der stabilen Ordnungszahlen) ist, die sich im 13er-System spiegelt! Der Spielraum, den die Matrix hier offen lässt, trägt die Kraft der venusischen Liebeszahl 13 in sich!

Wenn du das Wissen um den Ausgang aus dem Schattendasein der Höhle aktivieren möchtest, kann dich diese Darstellung dabei sehr gut unterstützen. Dieses Wissen befindet sich seit jeher in dir selbst, in deinem Ersten Bewusstsein. Die folgende Darstellung hilft dir dabei, dich daran zu erinnern.

Das geht ganz einfach:

Betrachte dieses Matrixbild. Es werden natürlich sofort wieder irgendwelche Gedanken deinen Verstand „beschäftigen“, so wie das bei der Betrachtung des Horizontes oder bei der Beobachtung der Wächter immer der Fall ist.

Aber du weißt ja, wie das geht: Schau den Gedanken zu, ohne sie zu bewerten. Gib ihnen deine neutrale wertfreie Aufmerksamkeit. Und siehe da, es wird stiller.

Dann betrachte wieder die Karte, lass sie auf dich wirken. Versuch das, was sich in dir bewegt, jetzt nicht einzuordnen, sondern lass die Informationen der Heilen Matrix und das Wissen über den Ausgang aus der Höhle, dieses Wissen, das aus dir selber aufsteigt, in dein Zweites Bewusstsein einfließen.

Wenn du Freude daran hast, dieses Bild zu betrachten, dann tu es. Es wird sich in dir etwas bewegen, es wird sich in deinem Leben etwas bewegen.

Der Schlüssel zum Ersten Bewusstsein

Die Matrix der Zahlen

Wir haben es im ersten Teil dieses Buches gewagt, eine Reise zum Geheimnis der Matrix anzutreten und wir konnten dabei erstaunliche Erkenntnisse gewinnen. Wir haben auf unserer Reise gesehen, dass der Geist des Menschen immer schon dem Geheimnis der Matrix auf der Spur gewesen ist.

Daher haben wir uns von der Geistesgeschichte des Menschen, von Pythagoras, von Sokrates, von Platon, von den Gnostikern, von Hildegard von Bingen und anderen inspirieren lassen.

Das, was wir an Erkenntnissen gewinnen konnten, haben wir gesammelt, um nun damit konkret arbeiten zu können. Wir wollen dieses gewonnene Verständnis der Matrix nutzen, um sie kreativ abzubilden. Wenn es uns nämlich gelingt, jene Strukturen abzubilden und sichtbar zu machen, welche die immanente Heile Matrix in sich trägt, dann gelingt es uns auch, mit diesen Bildern die Heile Matrix in uns selbst anzuklingen, zu aktivieren und ihre Impulse in unser reales Leben einfließen zu lassen.

Wir haben dann ein Werkzeug erschaffen, das uns in einen neuen Einklang mit dem tatsächlichen Evolutionsplan bringt.

Unser gesamtes Wesen ist auf Erfahrung, auf Erleben und vor allem auf Entwicklung ausgerichtet. Abgesehen von der sinnlichen Sexualität erfüllt uns nichts so sehr, wie ein Wachsen und Gedeihen. Es geht unserem Wesen dabei gar nicht darum, wo wir stehen und was wir erreicht haben. Ein Mensch, der „alles erreicht“ und alles abgesichert hat, solch ein Mensch hat aufgehört lebendig zu sein.

Es geht uns um das Gedeihen. Wir wollen dabei kein Wachstum um jeden Preis, wir wollen in Wirklichkeit ein Wachstum und Gedeihen im Einklang mit unserem Evolutionsplan. Das erfüllt uns wirklich, das macht unser Leben interessant und lebenswert. Das aktiviert unsere Lebensgeister.

Damit wir eben diese Lebensfreude finden, suchen wir jetzt den Zugang zu unserem persönlichen Evolutionsplan. Wir wissen zwar, dass unser Matrixfeld manipuliert und verfremdet wurde und dass es um eine Klärung dieses Matrixfeldes geht, wenn wir unseren wahren Evolutionsplan erspüren und erkennen wollen. Wir wissen aber auch, dass der Schlüssel dazu in uns selbst, in unserer eigenen immanenten Heilen Matrix liegt.

Daher bilden wir die Strukturen dieser Heilen Matrix ab, machen sie sichtbar,

Zahlen sind die Bausteine, aus denen durch „Gottes geheime Formel“ die Heile Matrix entsteht. Wenn wir sie nicht als Mengenangaben sehen, sondern verstehen, dass jede einzelne Zahl eine Kraft und Wirkung zum Ausdruck bringt, beginnen wir, das Geheimnis der Matrix zu entschlüsseln.

Die Kräfte, die den Zahlen innewohnen, sind die Werkzeuge, mit denen das Bewusstsein die Matrix und daraus die Wirklichkeit erschafft. Wenn wir diese Werkzeuge nutzen, verändern wir die Realität unserer Lebensumstände.

um die daraus entstehenden Werke auf uns wirken zu lassen, um damit die Heile Matrix in uns selbst wieder zu finden. Wir haben auf unserer Forschungsreise gesehen, dass „Gottes geheime Formel" in der Gestalt von Zahlen sichtbar wird. Wir betrachten dabei die Zahlen nicht in der Art, wie wir sie in der Schule erklärt bekamen, wir wollen mit den Zahlen nicht unbedingt etwas ausrechnen.

Wir wollen, so wie der Schamane Pythagoras von Samos, die Mystik der Zahlen, das Wesen der Zahlen verstehen und darstellen. Denn dadurch eröffnen wir uns einen Weg in das Geheimnis und in die Mystik der Heilen Matrix!

Als Zahlensystem wählen wir dazu das **13**er-System. Wir wissen ja bereits, dass unser Zellgedächtnis, also jede Zelle unseres Körpers, seit jeher die 13 in sich trägt. Wir sind dieser 13 im Aufbau der realen Welt begegnet und wir finden diese 13 auch auf unserem Liebesplaneten Venus wieder.

Wir wählen daher die 13 als Ausgangspunkt und werden dann daraus im nächsten Kapitel komplexere und thematisierte Matrixbilder aufbauen. Jetzt, in diesem ersten Kapitel, werden wir in die Matrix der einzelnen Zahlen (von 1 bis 13) eintauchen.

Wir werden die Bedeutung der einzelnen Zahlen mit einfachen Symbolen darstellen, mit Symbolbildern, welche die innere Mystik der Zahl bereits klar zum Ausdruck bringen. Und wir werden es dann, in den weiteren Kapiteln, wagen, die Matrix einzelner Themen (z. B. die Matrix der Liebe, die Matrix des Erfolges usw.) zu erforschen und diese mit den komplexeren Matrixbildern abbilden.

Wir werden nun die Matrix der Zahlen von 1 bis 13 hier mit jeweils einem Symbol sichtbar machen. Du kannst die daraus entstehenden Bilder in dich aufnehmen, indem du sie betrachtest und ihre Wirkung in dir geschehen lässt. Natürlich werden dich während dem Betrachten irgendwelche belanglose Gedanken überrollen.

Beobachte diese Gedanken eine zeitlang, ohne ihnen eine Bedeutung zuzumessen, sie beginnen dann (wie schon bei den Übungen des ersten Kapitels beschrieben) zu verschwinden.

Du kannst deine Gedanken auch sinnvoll „beschäftigen“, indem du beim Betrachten des Zahlenmandalas das jeweilige Mantra wiederholst. Du wirst sehen, dass diese einfache Übung sehr viel in dir bewegen wird.

Die Matrix der Eins

„Ich bin"

Die Themen der Eins:

Das „Ich bin", die innere Mitte, die Verbundenheit des „Ich bin" mit allem bewussten Sein.

Innere Kraft und Selbstvertrauen.

Die Eins symbolisiert grundsätzlich das „Ich bin", das Individuum, die Einheit und die eigene Identität („Ich bin eins mit mir selbst"). Die Eins steht für den inneren Kern, die innere Mitte, für das Zentrum der immanenten Heilen Matrix, die eins ist mit allem bewussten Sein. So steht die Eins für die vollkommene Göttlichkeit, die alles ist und die wir selbst sind.

Die verfremdete Matrix der Eins löst das „Ich bin" aus seiner Verbundenheit mit dem „Wir sind" heraus und isoliert das Individuum. Eine weitere massive Verfremdung dieser Matrix finden wir in der Basisaussage der monotheistischen Religionen wieder. Dort behauptet stets ein Demiurg, dass er der „eine und einzig wahre Gott“ sei. Dabei isoliert er selbst sich von den anderen ebenfalls existierenden „Gottheiten“ und löst vor allem sich selbst aus der Gesamtheit allen Seins heraus. Er behauptet nämlich stets strikt und vehement, dass weder wir selbst, noch irgendein anderes Lebewesen göttlich seien, dass wir nicht Gott wären, sondern von ihm erschaffen worden wären.

In der unglücklichen Geistesgeschichte des Monotheismus vollzieht sich eine massive Trennung zwischen Göttlichkeit und Menschsein. Die vollkommene Göttlichkeit (die immanente Heile Matrix) wird mental aus uns herausseziert und auf etwas fremdes, etwas anderes, auf etwas angeblich Göttliches hinaus projiziert. Dadurch entstand ein tiefer Graben zwischen unserer eigenen inneren Mitte (der inneren Göttlichkeit der Heilen Matrix) und uns selbst. Seitdem ging unsere Verbindung mit unserer eigenen Mitte verloren. Wir wurden allmählich taub für jene Impulse, die aus dieser unserer eigenen Mitte entspringen und ersetzten diese Impulse durch mentale Programme, die wir außen, im manipulierten Zweiten Bewusstsein, ansiedelten.

Die Heilung der Matrix der Eins beginnt mit der Erkenntnis, dass unser individuelles Bewusstsein eine (von unendlich vielen) Verdichtungen ist, die sich im großen, umfassenden Feld allen bewussten Seins gebildet hat. Wir selbst sind eine Konzentration der vollkommenen Göttlichkeit und mit dieser untrennbar verbunden. Damit sind wir verbunden mit jedem anderen bewussten Sein, mit jeder Existenz.

Traditioneller Weise wird die Eins auch als Anfang gesehen. Wenn wir zählen, beginnen wir mit der Eins. Im tieferen Sinne ist die Eins die Initialzündung, der Startimpuls für ein Geschehen.
Auch das entspricht unserem Bild der Matrix, wenn wir mit der Eins den unbeeinflussbaren Kern, die Mitte allen Seins, die allem innewohnende Heile Matrix symbolisieren. Denn aus dieser Mitte heraus, die das Programm der Evolution trägt, aus diesem Ursamen heraus entfaltet sich jenes uns umgebende Matrixfeld, das die Wirklichkeit unserer Welt erzeugt.

Als Symbol für die Matrix der Eins wählen wir daher einen einfachen Punkt, den wir in Form eines kleinen Kreises darstellen. Das ist die Mitte des „Ich bin", die Mitte der Heilen Matrix.

Das Mantra der Eins:
„Ich bin in Einheit
mit allem Sein.
Ich bin."

Die Matrix der Zwei

„Du"

Die Themen der Zwei:

Die Begegnung mit dem Du, Magnetismus und Anziehung, Kommunikation und Austausch, Initialzündung der Liebe, sich natürlich und sinnlich aufbauende sexuelle Lust.

Das offensichtliche Prinzip der Zwei ist die Dualität und die Polarität. Unser gesamtes Universum ist auf dem polaren Prinzip aufgebaut, der Magnetismus, der aus der Polarität entsteht, ist eine allgegenwärtige kosmische Kraft. Ein nichtpolares Universum wäre leblos, starr und kalt, da der bewegende und wandelnde Magnetismus nur dann entstehen kann, wenn es zwei gegengleich geladene Pole gibt.

Unser Körperbau ist gänzlich polar und symmetrisch. Wir haben zwei Augen, zwei Beine, zwei Hände und wir haben zwei Gehirnhälften, den rechten intuitiven Teil, sowie den linken analytischen Teil. Bereits unser Körper zeigt die Verbindung dieser beiden Pole zueinander, indem er über die linke Gehirnhälfte auf die rechte Körperseite wirkt, sowie über die rechte Gehirnhälfte auf die linke Körperseite.

Wir selbst leben die Polarität über unser Geschlecht. Wir haben das weibliche, intuitive und empfangende Prinzip, sowie das männliche, geistige und sich entäußernde Prinzip. Nur dadurch, dass wir als Frau und Mann existieren, kann sich zwischen den Geschlechtern eine natürliche und wünschenswerte Spannung aufbauen. Denn durch diese Spannung entsteht Anziehung, wodurch das Interessanteste in unserem Leben, nämlich die Liebe und die Sexualität, erst möglich werden. Auch hier müssen wir uns eingestehen, dass eine geschlechtslos androgyne Welt etwas sehr Armseliges und Lebloses wäre!

Die heile Form der Matrix der Zwei besteht eindeutig darin, mit dem anderen Pol, mit dem Du in Beziehung zu treten. In der verfremdeten Form der Matrix entstand allmählich die Idee, dass der andere nicht ich selbst sei. Es entstand die Idee, dass ich vom anderen isoliert, getrennt wäre. Aus dem Wort „der andere“ wurde in der kranken Form das Wort „der Feind“. Der Gut-Böse-Dualismus, der Glaube, dass es im Außen etwas Böses gäbe, das mit mir (oder mit uns, den „Guten“) nichts zu tun hätte, dieser Dualismus entspringt aus diesem Irrtum, aus dieser Verfremdung.

Durch die fortschreitende Isolierung des Ichs vom Du kommt es zu einem fortschreitenden Abbau der natürlich sich aufbauenden Spannung. Das führt zu Kontaktarmut mitten in Großstädten. Und das führt dazu, dass die natürlich fließende sinnliche Sexualität zu einer streng begrenzten Triebbefriedigung mit Exklusivitätsanspruch wird.

Die heile Gestalt, die sich aus der Matrix der Zwei heraus aufbauen will, besteht im natürlichen Fluss zwischen den beiden Polen, im natürlichen Austausch der Energien, im bedingungslosen Aufbau der Liebe. Die Matrix der Zwei ist gleichsam die Initialzündung der Liebe. Es geht dabei auch um die Erkenntnis, dass das „Ich bin" und das „Du bist" aus demselben „Wir sind" entspringen!

Als Matrixsymbol für die Zwei wählen wir daher eine Welle, welche die Verbindung und den sich austauschenden Energiefluss zwischen den beiden Polen symbolisiert.

Das Mantra der Zwei:
„Ich bin ein Du selbst.
Du bist ein Ich bin.
Ich bin und du bist im Wir sind."

Die Matrix der Drei

„Gedeihen"

Die Themen der Drei:

Wachstum und Entfaltung, Vermehrung im Einklang mit den natürlichen Lebensprozessen, Liebe und Sexualität, Fruchtbarkeit und Geburt, Tod und Wiederkehr.

Die Drei ist wohl jene Zahl, die in der Mythologie des Menschen und in den Religionen am häufigsten auftritt. Wir finden im Christentum das Triumvirat von Gott Vater, Gott Sohn und Heiliger Geist. In der griechischen Mythologie teilen sich Zeus, Poseidon und Hades die Herrschaft über die Menschen und über die übrigen Götter. Im Hinduismus finden wir als oberste Gottheiten Brahma (der Erschaffer), Vishnu (der Erhalter) und Shiva (der Zerstörer). In der ägyptischen Mythologie stehen Isis, Osiris und Horus an der Spitze. Auch in den Märchen kommt die Drei immer wieder vor, z. B. bei den drei Wünschen.

Die Drei finden wir ebenfalls bei der Unterteilung unserer Lebenszeit in die drei Phasen von Kindheit, Erwachsen sein und Alter. Auch die Fragen „woher komme ich?“, „wer bin ich?“ und „wohin gehe ich?“ bilden eine Dreiheit.

Interessant sind die Überlieferungen vor allem aus jener Zeit, in der die Menschen noch inniger mit der Natur und mit den natürlichen Prozessen des Lebens verbunden waren. Dazu müssen wir auf die vorchristliche Zeit zurückblicken, vor allem auf die keltische Tradition. Dort war die Große Mutter, die Große Göttin eine zentrale Gestalt im spirituellen Leben der Menschen. Auch diese Große Göttin hatte drei Erscheinungsformen, die allesamt mit den natürlichen Lebensprozessen zu tun hatten. Die Göttin erschien dort als Liebesgöttin, dann als Fruchtbarkeitsgöttin und vollendete den Kreislauf als Göttin des Todes, ehe sie abermals als Liebesgöttin erschien.

Dieses Verständnis von Wachstum und Gedeihen hilft uns entscheidend weiter, da es aus einem noch gut Verbundenen Einklang mit der Heilen Matrix entspringt! Die Drei erschien uns während unserer Reise ins Innere der Matrix vor allem an einer entscheidenden Stelle, nämlich im Aufbau des *Codons*. Dort ging es um einen zentralen Lebensprozess in unserem Urprogramm, in unserer DNA. Das Codon ist eine Informations-Dreiheit, aus dem sich das Basisprogramm (die Aminosäuren-Sequenz) jener Proteine aufbaut, aus denen unsere Zellen gebildet werden. **Das Basisprogramm für Entstehung und Wachstum ist die Drei!**

Genau das bringt auch die Dreiheit der Großen Göttin zum Ausdruck, bei der es um ebendiese Entstehungsprozesse geht. Einen weiteren Aspekt in der Matrix der Drei finden wir in der Symbolgeschichte des Menschen. Eines der Ursymbole ist das Dreieck. Und dieses aus der Dreiheit entstehende Dreieck kann ich in zweierlei Weise darstellen, nämlich entweder mit der Dreiecksspitze nach oben zeigend, oder mit der Dreiecksspitze nach unten weisend. Steht das Dreieck mit der Spitze nach unten, so symbolisiert es z. B. in der alchemistischen Überlieferung das Element Wasser, das für das weibliche, empfangende Prinzip steht. Zeigt die Dreiecksspitze hingegen nach oben, haben wir damit ein Symbol für das Element Feuer, für das männlich aktive Prinzip.

Nehmen wir nun diese symbolische Deutung der Dreiheit mit den drei Erscheinungsbildern der Großen Göttin zusammen, so gewinnen wir folgende Erkenntnis: Aus der Polarität der Zwei, nämlich aus der Anziehung der beiden Pole Mann und Frau, entspringt der dreifache Lebensprozess: Liebe und Sexualität, Fruchtbarkeit und Geburt, Alter und Tod.

Aus der Matrix der Drei, nämlich aus der Matrix der Entstehung und Entfaltung des Lebens, entstehen wiederum beide Pole, nämlich sowohl der männliche, als auch der weibliche (die beiden Dreiecke).

Wir erkennen also das Basisthema der Drei als das Prinzip von Wachstum Entfaltung, Entstehung und Erweiterung.
Wenn wir jetzt der manipulierten Matrix in die Falle gehen, dann ufert dieses Wachstum aus. Ein grenzenloses Wachstum wird maßlos, entfremdet sich von jedem natürlichen Prozess, wird zur Ausbeutung und endet schließlich in einer Selbstzerstörung. Die Ursache für ein entartetes Wachstum liegt in der grundlosen Angst vor dem Tod. Wenn wir die Zeitlinie nur geradlinig sehen, dann endet alles mit dem gnadenlos alles auslöschenden Tod. Der Mensch, der vor dem Tod Angst hat, nimmt sich als isoliertes Individuum wahr. Er hat den Bezug zum großen allumfassenden Bewusstsein vergessen und fürchtet daher, dass sein Individuum, sein gesamtes bewusstes Sein mit dem Tod erlischt. Doch wenn wir die Zeit nicht als gerade Linie sehen, sondern als kreisenden und immer wiederkehrenden Zyklus, begreifen wir das Geheimnis der Wand-

lung, der ständigen Veränderung, der Transmutation (wie es die eingeweihten Alchemisten nennen). In diesem immer wiederkehrenden Wandel erkennen wir auch die zyklische Natur unseres immerwährenden Bewusstseins, das weder einen Anfang hat, noch ein Ende. Damit wir die Matrix der Drei, die Matrix der Entfaltung und des Wachstum begreifen, müssen wir auch den Tod willkommen heißen! Dann haben wir das Geheimnis der Wandlung und die zyklische Natur allen Seins erkannt!

Die Große Göttin hat drei wiederkehrende Gesichter. Daraus entsteht der Zyklus des Lebens. Und aus diesem Zyklus heraus entfaltet sich die polare Welt.

Das Symbol, das wir für die Matrix der Drei wählen, besteht aus drei Linien. Die eine Linie zeigt nach unten, und symbolisiert sowohl den Tod, als auch die Wiederkehr und das Aufsteigen der Kräfte. Die beiden anderen Linien verzweigen sich nach oben hin. Sie stellen die Entfaltung und Vermehrung dar, die sich polar vollzieht. Die linke Linie steht für das weibliche Prinzip, die rechte für das männliche.

Das Mantra der Drei:
„Ich entwickle mich.
Ich entfalte mich.
Und ich kehre wieder zurück."

Die Matrix der Vier

„Entstehen"

Die Themen der Vier:

Verwirklichung, Gestaltung, in eine Form bringen, reale Umsetzung von Ideen und Plänen, das sinnliche Erleben der irdischen Wirklichkeit, im Einklang sein mit den Wandlungsprozessen der Zeit.

Das grundlegende Wesen der Vier liegt in der realen Verwirklichung, in der Verdichtung und der Verkörperung. Die Vier steht für jene Kraft, welche die Programme der Matrix zur realen Form werden lässt. Über die Vier nimmt der zündende Funke, die Idee, die Initialzündung, die in der Eins gesetzt worden war, eine reale und sichtbare Form an.

Das wohl war der Grund, warum Pythagoras von Samos die Tetraktys, die Vierheit, als Schlüssel zum Verständnis der Weltordnung angesehen hatte. Wenn nämlich aus der dahinterliegenden Matrix über die Vier die reale Welt entsteht und die Programme der Matrix sichtbar werden, dann können wir diesen Weg auch in die andere Richtung gehen.

Dann können wir über den Schlüssel der Vier von der sichtbaren Welt ausgehen und in die dahinter liegende Matrix eintauchen.

Pythagoras betonte in seinen Lehren, dass sich aus der Summe der Zahlen von 1 bis 4 die 10 ergibt, also 1 + 2 + 3 + 4 = 10. Diese Zehn deutete er als vollkommene Zahl für den Lauf der Welt. Die Zehn ergibt sich aus der Tetraktys, das merken wir uns so einmal vor.

In allen naturverbundenen Kulturen wurde die Vier als Grundstruktur der Erde und der irdischen Wirklichkeit gesehen. Daher sehen wir den Wandlungszyklus in der Natur in den vier Jahreszeiten und wir orientieren uns nach den vier Himmelsrichtungen. Die Zuordnung von Raum und Zeit geschieht demnach über die Vier. Albert Einstein hat im 20. Jahrhundert seine Relativitätstheorie über das vierdimensionale Raum-Zeit-Kontinuum beschrieben.

In der antiken Philosophie und in den alchemistischen Traditionen spricht man von den **vier Kräften**, die den vier Elementen (Feuer, Wasser, Luft und Erde) zugeordnet werden. Diese vier Kräfte bauen die gesamte Wirklichkeit auf. In der chinesischen Philosophie spricht man in diesem Zusammenhang von fünf „Elementen“. Doch hier wird der Begriff

„Element" weniger als Kraft verstanden (wie in der Alchemie), sondern eher als Zustand, als Seinszustand.

Während unserer Reise in das Geheimnis der Matrix begegneten wir der Vier an sehr bedeutender Stelle. Das Codon nämlich, das durch seine Dreiheit die Aminosäuren codiert, realisiert ihren Code durch vier Basen, durch vier Informationseinheiten (A, T, C, G).

Die moderne Physik spricht heute von den vier Grundkräften des Universums. Und diese vier Grundkräfte *bauen das gesamte Universum auf*, erzeugen also all jene Prozesse, die das Universum zum Laufen bringen.

Es ist hier äußerst erstaunlich, wie genau diese wissenschaftliche Aussage mit der alchemistischen Weltdeutung übereinstimmt! Diese vier Grundkräfte der Physik sind: Die Gravitation, also die Anziehungskraft, die wir als Erdanziehungskraft sehr gut kennen. Die elektromagnetische Kraft, die sich über Licht, Magnetfelder (z. B. das Magnetfeld der Erde) und Elektrizität äußert.

Die starke Wechselwirkung, eine atomare Kraft, durch die uns unsere reale Wirklichkeit überhaupt erst als fest und angreifbar erscheint.

Und schließlich die schwache Wechselwirkung, ebenfalls eine atomare Kraft, die alles wieder auflöst und vor allem beim Zerfall von radioaktiven Elementen wirksam wird. Es sind vier Kräfte, die unsere Welt erscheinen lassen. Die Matrix der Vier ist die Kraft der Verwirklichung, der Verdichtung, der Gestaltgebung.

Die aus der Vier entstandene, sichtbar gewordene Realität ist da, um erlebt und gefühlt zu werden. Die sichtbare, reale, irdische Erscheinungswelt ist ein Geschenk des Universums, ein Geschenk, das wir uns selbst erschaffen haben. Wir können durch die uns umgebende Realität spüren, fühlen, riechen, sehen, hören. Es geht uns um eine sinnliche Erfahrung dieser unserer Welt. Die Sinnlichkeit ist auf allen Ebenen ein Erlebnisschatz, der unserem inneliegenden Evolutionsplan zugrunde liegt. Die sinnliche Erfahrung ist der Motor für unsere geistige und seelische Entwicklung.

Um die stoffliche Realität nun in ihrer heilen Form zu begreifen sind zwei Gedanken wichtig. Zum einen geht es darum zu erkennen, dass nichts existiert, um auf ewig bestehen zu bleiben. Ein Universum, in dem alles sein Ziel erreicht hat, ist am absoluten Ende angelangt und vollkommen leblos. Dieses Bild von einem Anfang und einem Ende haben wir ja bereits mehrfach als Irrtum erkannt, denn alles dreht sich und alles wandelt sich. *Nichts ist so sicher, wie die Veränderung!* Wenn wir daher die Heile Form der Vier in uns integriert haben, gestalten wir mit absoluter Sinnesfreude, ohne das, was existiert, bewahren oder festhalten zu wollen. Wir lassen das, was uns umgibt und das, was wir geformt und geschaffen haben, in den natürlichen Lauf der Veränderungen einfließen. Zum anderen geht es darum, hinter der realen Erscheinung den Geist, die Heile Matrix zu erkennen. Wenn wir die materielle Erscheinungsform als einzige Realität ansehen, sind wir im Schattendasein der Höhle gefangen.

Wenn wir aber den Weg der Tetraktys, der Vierheit gehen, können wir das Geheimnis der Heilen Matrix gerade *durch das sinnliche Erleben der realen Welt* erkennen und erleben. Als Symbol für die Matrix der Vier wählen wir daher vier Linien, die von einem Kreis in der Mitte ausgehen. Dieser Kreis in der Mitte symbolisiert die immanente Heile Matrix, aus der heraus sich über die Vier die Wirklichkeit entfaltet.

Das Mantra der Vier:
„Ich verwirkliche.
Ich erschaffe und gestalte,
im Einklang mit dem Kreislauf
der Wandlungen."

Die Matrix der Fünf

„Urvertrauen"

Die Themen der Fünf:

Geborgenheit, Urvertrauen, umhüllt sein, der heile Urgrund allen Seins, Harmonie und Schönheit.

Wenn wir an die Zahl Fünf denken, fallen uns sofort die fünf Finger unserer Hand ein. Und das ist tatsächlich eine Grundstruktur des biologischen Lebens. In der Biologie spricht man von der *Pentadaktylie*, der Fünfstrahligkeit der Extremitäten (Hände und Beine), die bei allen Säugetieren ausgeprägt, oder zumindest im Knochenaufbau angelegt ist.

Auch die fünfstrahlige Radiärsymmetrie tritt in der Natur bei den sogenannten Stachelhäutern auf, wie wir es beim Seestern kennen.

Und dann beobachten wir die Fünfblättrigkeit bei allen Rosengewächsen, zu denen auch Früchte wie der Apfel oder die Birne gehören. Auf unserer Reise in das Geheimnis der Matrix haben wir die Fünf als innere Struktur der äußeren Erscheinungsform gefunden, nämlich im Goldenen Schnitt. Diese harmonische Proportion baut sich exakt über den Fünfstern, das Pentagramm, auf und löst in uns das Gefühl der „Stimmigkeit", der Schönheit und Ästhetik, der Liebe aus.

Die uns umgebende Realität, die sich durch die Matrix der Vier entfaltet hat, *erzeugt ein Feld an Schönheit und Harmonie, das über die Matrix der Fünf sichtbar wird.*

Im antiken Griechenland erforschte man die Geometrie der *fünf Platonischen Körper*. Ein Platonischer Körper ist eine vollkommen symmetrische Figur. Er besteht aus gleichseitigen Flächen, die alle zueinander im selben Winkel geneigt sind. Am einfachsten vorstellbar ist das beim Würfel, der aus 6 gleichseitigen Vierecken (also Quadraten) besteht. Alle Quadrate, die aneinander angrenzen, haben denselben Winkel, nämlich 90°.

Die fünf Platonischen Körper haben eine weitere ebenmäßige Eigenschaft. Man kann nämlich eine Kugel derart in sie hineinlegen, dass diese Kugel alle Flächen des Körpers berührt (die „Innenkugel"), und man kann eine weitere Kugel derart um den Körper herum aufbauen, dass diese Kugel alle Eckpunkte berührt.

Wir können es heute eindeutig nachweisen, dass es genau fünf Platonische Körper gibt, nicht mehr und nicht weniger: Den Tetraeder mit seinen vier Dreiecken, den Oktaeder (die Doppelpyramide) mit seinen acht Dreiecken, den Würfel (sechs Quadrate), den Dodekaeder (zwölf Fünfecke) und den Ikosaeder mit seinen zwanzig Dreiecken.

Wenn wir darüber meditieren, erkennen wir folgendes: *In der sichtbaren Welt tragen Symmetrie und Harmonie die Matrix der Fünf in sich.*

Wenn wir weiter hinausblicken und den Lauf der Planeten beobachten, fällt uns in diesem Zusammenhang der Planet Venus auf. Denn dieser Liebesplanet erzeugt bei seinem Tanz um die Sonne gemeinsam mit der Erde ein Pentagramm. Wenn wir den Lauf der Venus am Sternenhimmel nachzeichnen, ergibt sich eine wunderschöne fünfblättrige Blütenform. Nehmen wir diese Form als Vorlage für eine geometrische Figur, die den Goldenen Schnitt mehrfach in sich codiert, so entsteht daraus die Venusblume. Und nehmen wir dann die Venusblume und legen sie über die berühmte Proportionsstudie des Menschen, über den vitruvianischen Menschen von Leonardo Da Vinci, so sehen wir, dass diese exakt übereinstimmen.

Auch hier können wir sagen, dass die *äußere Erscheinungsform des Menschen die Harmonie und Symmetrie der Fünf in sich trägt*.

Mehr zu diesem Zusammenhang von Venus, Goldenem Schnitt und der Venusblume habe ich in meinem Buch „Die Blume der Liebe“ (ISBN: 978-3-9502439-9-4) veröffentlicht.

Der Blick auf den Lauf der Planeten führt uns zum deutschen Astronomen Johannes Kepler (1571 bis 1630). Er hat bei seiner Erforschung der Planetenbahnen erkannt, dass diese nicht zufällig und willkürlich sind, sondern dass zwischen den einzelnen Planeten harmonische Beziehungen bestehen.

Und diese Beziehungen lassen sich über die *fünf* Platonischen Körper darstellen! Berechnet man nämlich die Bahnen benachbarter Planeten (z. B. von Erde und Venus), so liegen diese Bahnen ziemlich exakt auf der Innenkugel und auf der Außenkugel eines der Platonischen Körper. Für die Beziehung von Erde und Venus ist dies der Ikosaeder, der 20-Flächer.

Auch hier erkennen wir die Struktur der Harmonie. *Die Harmonien unseres Planetensystems tragen die Matrix der Fünf ins sich.* Gehen wir nochmals ins antike Griechenland. Dort finden wir das

Der vitruvianische Mensch und die fünfblättrige Venusblume. Die Venusblume passt sich an das Quadrat und an den Kreis exakt an. Das zeigt die Harmonie der Fünf in der Erscheinungsform des Menschen

Wissen um die vier Elemente, die vier Kräfte, welche die Welt entfalten und aufbauen. In den Überlieferungen finden wir erstmals bei Aristoteles das *fünfte* Element, die *Quintessenz* (er nannte es den Äther), welches der realen Welt das Leben einhaucht.

Auch in der Alchemie war der Begriff der Quintessenz gebräuchlich, dort aber eher als das Ergebnis eines Prozesses. Das entspricht auch unserem heutigen Sprachverständnis, die Quintessenz ist das Wesentliche, das sich aus einem Vorgang, einem Erlebnis oder aus einem Gespräch ergeben hat.

Auch in der Physik wird der Begriff der Quintessenz verwendet. Dort bezeichnet man damit eine „dunkle Energie“ (treffender wäre hier „unbekannte Energie“), die hinter dem sichtbaren Universum, das sich aus den vier Grundkräften aufbaut, wirkt.

Diese Quintessenz bewirkt in diesen Theorien die Expansion des Universums.

Wenn wir all das auf uns wirken lassen, können wir diese faszinierende Matrix der Fünf ganz gut erkennen: Aus dem inneren Kern, aus der immanenten Heilen Matrix, hat sich die sichtbare Realität entwickelt. Für die Verwirklichung in einer realen Form sind die vier Grundkräfte, die Matrix der Vier, zuständig. Das aber, was sich entwickelt und verwirklicht hat, trägt die Harmonie, die Schönheit und auch die sinnliche Erlebbarkeit in sich.

Das Heile Matrixfeld, das sich hinter der sichtbaren Realität eröffnet, wird durch die Matrix der Fünf getragen.

Wenn wir uns auf die Fünf einlassen, so wissen wir, dass im Grunde alles gut ist. Die Fünf stärkt unser Urvertrauen, unser Vertrauen in das Leben, unser Wissen, dass wir mit dem Urgrund verbunden und im Urgrund geborgen sind.

Darum stellen wir die Matrix der Fünf mit einem stehenden Oval dar. Das symbolisiert das uns umgebende, uns Geborgenheit schenkende heile Matrixfeld und den uns einhüllenden Urgrund.

Das Mantra der Fünf:
„Ich bin umhüllt.
Ich bin geborgen.
Es ist gut so, wie es ist.“

Die Matrix der Sechs

„Kraft“

Die Themen der Sechs:

Hohe Energie, Kraft, der sinnvolle Umgang mit der Kraft durch die Verbindung mit dem Herzen, das Feuer der Sexualität.

Ist es ein Zufall, dass die Zahl Sechs und das Wort „Sex“ einander so ähnlich sind? Wenn man weiß, dass das Symbol für den tantrischen Hinduismus der Sechsstern ist, wird diese scheinbar zufällige Ähnlichkeit allmählich zu einer Bedeutung.

Die Matrix der Sechs trägt die heilige Kraft der erfüllenden Sexualität in sich. Damit zeigen sich bereits ihre hohe Energie und ihre feurige Kraft.

Wenn wir an die Sechs denken, fällt uns die strikte Ablehnung der Sechs, nämlich die Verteufelung der Zahl 666 im Christentum auf. Dabei ist diese Interpretation in Wirklichkeit ein ziemlicher Irrtum.

Seinen Ursprung findet diese Verteufelung in der Offenbarung des Johannes (Offb 13,18). Dort sagt der Autor dieses Textes, dass der „Antichrist“ ein Mensch ist, dessen Zahl man berechnen kann und die 666 ergibt. Das ist eine in der Antike übliche Methode, um verschlüsselte Botschaften zu übermitteln. Es werden dabei den Buchstaben eines Namens festgelegte Zahlenwerte zugeordnet und diese dann addiert. Geschrieben wurde die Offenbarung während der Christenverfolgung durch den Kaiser Nero. Und schreibt man dessen Namen sowohl in der griechischen Form, als auch in der Hebräischen Form („Neron Kesar“), so ergibt sich daraus beide Male als Summe tatsächlich die 666.

Also viel Lärm um nichts!
Da Kaiser Nero längst gestorben ist, müssen wir uns um die Gefahr, die angeblich durch die Verschlüsselung seines Namens ausgeht, wohl keine Sorgen mehr machen.

Wo taucht die Sechs in der Geistesgeschichte noch auf?

Die Zahl Sechs ist uns auch im chinesischen I Ging bereits begegnet. Dort baut sich das Orakel über die sechs wandelbaren Linien auf. Die Kraft der Aussage, die aus dem Orakel kommt, hat die *Matrix der Sechs* in sich.

Wenn das Wasser kristallisiert, formen sich seine Kristalle stets in einer Sechser-Struktur. Das Wasser scheint damit auf eine Kraft zu reagieren, die in unserer Realität ständig zugegen ist.

Wenn wir nun diese Sechs aus geometrischer Sicht untersuchen, erkennen wir in ihr eine absolute Besonderheit.

Das Sechseck ist nämlich jene geometrische Figur, die sich am leichtesten konstruieren lässt, denn man braucht dazu lediglich einen Zirkel. Das liegt daran, dass der Kreisradius und die Länge des Sechsecks exakt dieselben sind.

Das Sechseck und die Sechserstruktur ergeben sich hier offenbar aus einer *starken, dem Matrixfeld innewohnenden Kraft*. Denn diese Sechserstruktur zeichnet sich wie von selbst.

Dasselbe Phänomen sehen wir beim Wasser, wenn es sich auskristallisiert. Das Wasser ist jenes Element, das sich vor allem durch seine Wandlungsfähigkeit und durch sein Anpassungsvermögen auszeichnet. Es nimmt jede beliebige Form an, in die es einfließt.

Wenn nun das Wasser friert, vom beweglich flüssigen Zustand in den festen Zustand überwechselt, dann kristallisiert es aus. Wir kennen das in Form von Schnee oder als Eiskristalle auf der Fensterscheibe.

Die Form, die das Wasser dabei annimmt, ist stets eine Sechser-Struktur. Wie unterschiedlich die Schneekristalle auch sein mögen, sie formen sich immer in einer sechsstrahligen Gestalt aus.

Das bedeutet wohl, dass das Wasser dabei auf eine Kraft reagiert, die stets im Feld vorhanden ist. Und diese Kraft trägt offensichtlich die *Matrix der Sechs* in sich.

Dasselbe beobachten wir an den Bienenwaben. Auch hier reagieren die Bienen auf diese Kraft in der Matrix, passen sich ihr an und gestalten ihre Waben in jener sechseckigen Form, die dieser Kraft entspricht.

Am auffälligsten erscheint die Struktur der Sechs in ihrer mathematischen Besonderheit. Wir haben ja bereits die Bedeutung der Primzahlen als die „atomaren" Grundbausteine aller Zahlen erkannt. Da waren z. B. die beiden Portale im chemischen Periodensystem, die 43 und die 61, die beide Primzahlen waren.

Das Auffällige an den Primzahlen ist nun ihre Eigenschaft, dass sie sich rund um den „*Sechser-Strahl*" versammeln. Der Sechser-Strahl besteht aus den Vielfachen der Zahl Sechs, also aus 6, 2 * 6 = 12, 3 * 6 = 18, usw.

Und jede Primzahl (außer 2 und 3), wirklich jede, egal wie groß sie ist, befindet sich links oder rechts dieses Sechser-Strahles. Das heißt, dass jede Primzahl entweder um eins kleiner, oder um eins größer ist, als ein Vielfaches von 6.

Probieren wir es aus:

Die 43 ist um 1 größer als 7 * 6 = 42.
Die 61 ist um 1 größer als 10 * 6 = 60 usw.

Das bedeutet also, dass jene Kraft, die aus der Matrix der Sechs entspringt, einen Strahl bildet. Rund um diesen Strahl reihen sich die Atome ihrer Struktur, nämlich die Primzahlen, auf.

Die *Matrix der Sechs ist die feurige, hohe Energie und der Lichtstrahl, der sich durch das gesamte Matrixfeld zieht!*

Als Symbol für diese hohe Energie wählen wir daher eine nach oben ziehende Linie. Oben befindet sich ein Kreis, der Kreis des Kerns und der Mitte der Heilen Matrix, jenes Urwissens, das der Strahl der Sechs ins Matrixfeld hinausträgt.

Das Mantra der Sechs:
„Ich verbinde das Feuer
der reinen Kraft mit der
Liebe meines Herzens."

Die Matrix der Sieben

„Die Mitte"

Die Themen der Sieben:

Das Licht der Mitte, die Selbsterkenntnis im Spiegel, die Schwelle in die transzendente Welt, in der Mitte sein.

Mit der Zahl Sieben haben wir in der Matrix eine magische Grenze erreicht, hier findet ein Übergang in eine transzendente Ebene statt. Während wir die Zahlen von eins bis sechs sehr gut dem Entfaltungsprozess der sichtbaren Welt zuordnen konnten, werden wir in den Matrizen der höheren Zahlen vor allem innere, seelische Prozesse erkennen.

Und hier, an der Sieben, finden wir das Portal, die Schwelle und den Übergang von der sichtbaren in die transzendente Welt. Wir befinden uns gleichzeitig auch in der Mitte der 13er-Matrix, denn vor der Sieben liegen die sechs Zahlen von 1 bis 6, und nach ihr ebenfalls die sechs Zahlen von 8 bis 13.

Um die Bedeutung der Matrix der Sieben zu erfassen, müssen wir unseren Blick heben und die sichtbaren Bewegungen am Firmament beobachten. Es gibt genau sieben sich bewegende Himmelskörper, die mit dem freien Auge sichtbar sind: Die Sonne, der Merkur, die Venus, der Mond, der Mars, der Jupiter und der Saturn.

Die Chaldäer, ein aramäischer Stamm aus Südmesopotamien, waren die „Sterndeuter" des Altertums. Sie sind es auch, die in der Weihnachtsgeschichte für die „Heiligen Drei Könige" Modell gestanden haben. Von den Chaldäern stammt ursprünglich die Astrologie, die anfangs nur mit diesen sieben sichtbaren beweglichen Himmelskörpern betrieben wurde.

Und sie waren es auch, von denen die Sieben-Tage-Woche stammt. Sie hatten nämlich die Qualität der sieben Himmelskörper in eine Reihenfolge gebracht und diese aufeinanderfolgenden Tagen zugeordnet. Sie benannten diese Tage nach den Himmelskörpern, woraus sich natürlich ein siebentägiger Rhythmus ergab, der schließlich zum heute gebräuchlichen Wochenrhythmus wurde.

Da dieser Siebener-Rhythmus unserem Wesen offenbar sehr gut entspricht, hat sich die siebentägige Woche weltweit eingebürgert. In unseren Wochentagen finden wir die Wurzeln dieser Zuordnung noch ziemlich gut. So ist der Sonntag jeder Tag, welcher der Sonne zugeordnet ist, während der Montag zum Mond gehört.

Der Mondrhythmus ist es auch, der sich im natürlichen Regelzyklus der Frau widerspiegelt. Dieser Mondzyklus korrespondiert ebenfalls sehr stark mit der Sieben, da er etwa 4 mal 7 Tage dauert.

Wir finden die Sieben sehr häufig in der Mythologie wieder. Dort gibt es die sieben Weltwunder, die Sieben gegen Theben, die sieben Tage im jüdisch-christlichen Schöpfungsmythos, die sieben Tugenden, die sieben Todsünden, die sieben Sakramente und in den Märchen die sieben Zwerge. Im alltäglichen Sprachgebrauch ist es auch auffallend, dass wir ausgerechnet unsere „sieben Sachen" zusammenpacken, wenn wir verreisen.

Stark ausgeprägt war die Bedeutung der Sieben im Apollo-Kult. Apollon war sowohl in der griechischen Kultur, als auch in der römischen unter demselben Namen bekannt. Er war der Gott des *Lichtes und der Heilung*.

Hier wurde die Sieben in einer sehr reinen und klaren Form mit den Licht-

Die Chaldäer ordneten sieben aufeinander folgenden Tagen jeweils eine astrologische Qualität (einen der sieben sichtbaren beweglichen Himmelskörper) zu.

Daraus entstand unsere 7-Tage-Woche.

und Heilungskräften in Verbindung gebracht.

Auf der psychischen Ebene ist die Sieben sehr stark ausgeprägt. Bekannt ist in der Verhaltensforschung das „Blue-Seven-Phänomen“. Fragt man einen Menschen nach einer beliebigen Zahl zwischen 1 und 9, so ist die häufigste Antwort darauf „7“.

Auch die sogenannte Millersche Zahl ist die Sieben. Der Psychologe George A. Miller konnte nämlich nachweisen, dass wir genau sieben „Informationseinheiten“ in unserem Kurzzeitgedächtnis präsent halten können. Mehr ist nicht möglich und kann auch durch Training nicht erweitert werden.

Wir sehen hier, dass sich die Sieben tatsächlich als ein natürliches Portal, als eine Schwelle präsentiert.

Steigen wir aber in diese Matrix der Sieben jetzt etwas tiefer ein und erinnern wir uns an das Portal, das wir im Periodensystem entdeckt haben.

Dort haben wir gesehen, dass die reale Welt an genau zwei Stellen einen Freiraum offen lässt. Dies war wie ein Portal, ein Ausgang aus der Höhle der Schattenwelt in eine transzendente Welt.

Diese beiden Freiräume haben wir an der Stelle 43 und an der Stelle 61 entdeckt. Und die Ziffernsumme beider Zahlen ergibt genau sieben!

Wir können damit die Matrix der Sieben deuten: ie ist die Schwelle in jenem Portal, das von der sichtbaren Welt in eine unsichtbare Seelenwelt hinüber führt. Sie ist die Mitte innerhalb der Matrix. Und sie trägt das Licht der Heilen Matrix in sich.

Als Symbol nehmen wir daher eine vertikale Linie, in deren Mitte sich ein Kreis befindet.

Das zeigt das Licht in der Mitte, die Mitte selbst und die Schwelle zwischen den beiden Welten an. Wesentlich dabei ist das Verständnis, dass hier, an der Schwelle, das Licht der Heilen Matrix sichtbar wird!

Das Mantra der Sieben:
„Ich bin in meiner Mitte.
Ich begegne meinem Ursprung.
Ich bin das reine Licht."

Die Matrix der Acht

„Liebe"

Die Themen der Acht:

Liebe und Partnerschaft, sexuelle Liebe, bedingungslose Liebe und Hingabe, Treue.

Wir haben nun die Schwelle überschritten und befinden uns in der transzendenten Ebene der Matrix. Um nun die Bedeutungen in dieser Ebene verstehen zu können, brauchen wir jene Erkenntnis, die wir an der Schwelle, im Licht der Sieben gewonnen haben. Wir haben dort nicht nur eine Schwelle überschritten, sondern hatten dort auch den höchsten Punkt des Kreislaufs erreicht. Nun kehren wir zurück, bis wir in der Dreizehn einen weiteren Übergang vollziehen und erneut bei der Eins ankommen werden.

An der Sieben *spiegeln* sich die Themen und wirken auf die höheren Ebenen hinein. Das geschieht rückwirkend, sodass also das, was wir in der Matrix der Sechs erkannt haben, auf die Matrix der Acht hineinwirkt, die Fünf spiegelt sich demnach in der Neun, die Vier in der Zehn usw.

Hier, in der transzendenten Ebene, werden die Hinweise in der Geistesgeschichte rarer.
Doch für die Acht finden wir sehr schnell einen Hinweis in der Mythologie Mesopotamiens. Dort war der achtstrahlige Stern das Symbol für die Göttin Ischtar, die später Venus genannt wurde. Ischtar war die Göttin der Liebe und der Sexualität.
Erinnern wir uns an die Spiegelung, also an die Sechs, die auf die Acht hereinwirkt. Auch dort, in der Sechs, sind wir dem Thema der Sexualität, der hohen Energie der Sexualität, bereits begegnet.

Der acht-strahlige Stern der mesopotamischen Liebesgöttin Ischtar.

Auch in der altägyptischen Mythologie finden wir die Acht in der sogenannten „Achtheit von Hermopolis“ wieder. Hier geht es um vier göttliche Paare, die den kosmischen Zustand vor der Entstehung der Welt beschreiben. Bemerkenswert dabei ist, dass es sich um *Paare*, um *Liebespaare* handelt.

Die Matrix der Acht repräsentiert die Liebe, und zwar die partnerschaftliche und sexuelle Liebe. In der heilen Form ist diese Liebe bedingungslos und niemals fordernd. In der heilen Form stellt diese partnerschaftliche Liebe keinen Anspruch an Ausschließlichkeit, denn sie weiß, dass ein exklusiver Anspruch an den Partner die Liebe, und vor allem das Feuer in der Liebe, erstickt.

Wir begeben uns damit natürlich auf ein sehr gefährliches Terrain. Wir haben den Glaubenssatz der Exklusivität in der Partnerschaft derart tief in uns integriert, dass es bereits gefährlich ist, diesen in Frage zu stellen. „Wenn er mich betrügt, dann bringe ich ihn um" ist ein beliebter Satz in den Hollywood-Filmen, die uns sagen, wie wir zu lieben hätten. Doch der Anspruch auf Exklusivität erstickt nicht nur das sexuelle Feuer, sondern erschafft auch ein umfassendes Kriegsfeld. In der Liebe herrscht der Krieg der Eifersucht, weil die uns innewohnenden Programme das so wollen. In der Welt herrscht der Krieg des territorialen exklusiven Besitzanspruches. Beide Themen hängen direkt zusammen. Solange in der Liebe Krieg herrscht, wird daher ein Frieden auf unserer Erde nicht möglich sein.

Diese fatale Verbindung von Liebe und Krieg spiegelt sich bereits in der mesopotamischen Göttin für Liebe und Sexualität, in Ischtar wieder. Denn Ischtar wurde auch als Kriegsgöttin verehrt. Wo also liegt die heile Form der Matrix der Acht, die unserem Evolutionsplan entsprechende Form für Liebe und Sexualität? Wir tragen in uns lediglich jene Bilder, die unsere Eifersucht anstacheln und uns kriegswillig machen. Wir kennen heute noch keine wirklich tragfähigen Liebesbilder, die tatsächlich frei und lebbar wären. Doch solange wir an der Exklusivität in der Liebe, besonders an der Exklusivität in der Sexualität und an der falsch verstandenen Treue festhalten, werden die neuen Bilder nicht entstehen können.

Die heile Matrix der Acht, die heile Matrix der Liebe liebt bedingungslos. Wenn wir diese Matrix in uns wieder erwecken können, dann lieben wir unseren Partner jedenfalls. Auch dann, wenn er dies oder jenes tut. Auch dann, wenn er dies oder jenes nicht tut. In der heilen Form der Liebe bekommt die Treue einen neuen, zentralen und vor allem nachhaltigen Stellenwert. Wir lieben unseren Partner nämlich auch dann, wenn er jemand anderen liebt, oder wenn wir jemand anderen lieben. Wenn wir das erkannt haben und beginnen, diese heile Form der Liebe zu leben, dann werden unsere Liebesbeziehungen wieder stabil, nachhaltig und vor allem auf der sexuellen Ebene erfüllend sein. Doch wo liegt der Ausweg? Wie können wir die heile Form der Liebe wiederfinden? Es handelt sich dabei sicherlich um einen umfassenden Prozess in uns selbst und in der gesamten

Menschheit. Die Voraussetzung dafür besteht aber darin, dass zumindest einige Menschen dieses Problem erkennen, auch in sich selbst, und es wagen, neue Wege zu suchen und zu finden. Wenn das gelingt, wird das, was diese Pioniere leisten, eine Initialzündung auslösen. Dann besteht Hoffnung, dass in der Liebe wieder Frieden einkehren kann.

Erinnern wir uns an das Portal, an die beiden freibleibenden Stellen im chemischen Periodensystem. Wir haben sie an der 43 und an der 61 gefunden. Wenn diese beiden Kräfte sich miteinander vereinen, so addieren sie sich, was die 104 ergibt. Und diese 104 baut sich über **8 * 13** auf. Wir finden das Liebesthema, die 8, in diesem Portal. Wir finden die venusische 13 ebenfalls dort.

Es sieht so aus, als hätte die Heile Matrix dieses Portal für die Liebe geschaffen! Wenn wir nun die bedingungslose Liebe symbolisieren wollen, dann wählen wir dafür eine Schale, eine offene, empfangsbereite Schale. Sie empfängt das Licht des Geistes, das Licht der Matrix, das durch den Kreis dargestellt wird.

Das Mantra der Acht:
„Ich bin eins mit
meinem eigenen Herzen.
Ich bin eins mit der Liebe
und mit ihrer frei fließenden Kraft.“

Die Matrix der Neun

„Wandlung"

Die Themen der Neun:

Wandlung und Transformation, der Fluss des Lebens.

Wenn wir in der Geistesgeschichte nach der Zahl Neun suchen, treffen wir in der nordischen Mythologie auf den Weltenbaum, auf die Esche Yggdrasil.

Diese Weltenesche ist im Mythos der Edda der allererste Baum.

Er breitet seine Äste über alle *neun* Welten aus und erstreckt sich über den gesamten Himmel. In seinem Geäst sitzt ein Adler und zwischen dessen Augen ein Habicht.

Dieser Baum stellt symbolisch die Matrix von Raum und Zeit dar, wobei es hier vor allem um die *Wandlungsprozesse* des Lebens, um das Vergehen und Werden, um die Wiedererneuerung

Eine Darstellung der Weltenesche Yggdrasil aus dem Buch „Northern Antiquities“, einer englischen Übersetzung des Edda-Mythos (von 1847).

des Lebens geht. Der Göttervater Odin opfert sich selbst am Weltenbaum Yggdrasil, er gibt sich den Wandlungsprozessen des Lebens hin. Er hängt verwundet an diesem Baum für neun Tage und durchläuft in dieser Zeit einen tiefen Initiationsprozess.

Er wird dabei häufig als verkehrt am Baum hängend dargestellt.

Er sucht also nach einer umgehenden *Transformation* und *Wandlung*. In diesen neun Tagen findet er das Geheimnis der Matrix in Form der Runen.

Dieses starke Bild kombiniert vor allem die Elemente der Wandlung, der Transformation, und die Erneuerung des Lebens mit der Neun.

Die Zahl Neun selbst ergibt sich aus der dreifachen Drei. Und bereits dort, bei der Matrix der Drei, ist uns der Prozess des Vergehens und Werdens begegnet.

Dieser tiefe Lebensprozess des immerwährenden Wandels erscheint uns hier, in der Matrix der Neun, in essentieller Form. Die Matrix der Fünf spiegelt auf die Neun und wirkt hier herein.

Bei der Fünf ging es vor allem um die Hingabe und um das Urvertrauen in die Vorgänge des Lebens.

Damit haben wir die Matrix der Neun sehr gut erkannt. Sie beinhaltet den sich erneuernden Lebensprozess, die Wandlung und die Transformation innerhalb des heilen Matrixfeldes.

Als Symbol dafür wählen wir eine aufsteigende Wellenlinie, ein Sinnbild für die fließenden Wandlungsprozesse unseres Lebens.

Das Mantra der Neun:
„Ich bin wandelbar.
Ich löse auf.
Ich fließe im Fluss des Lebens."

Die Matrix der Zehn

„Dynamik"

Die Themen der Zehn:

Das sich drehende Rad des Lebens, die dynamische Entwicklung, der Seelenplan, die Seelenwanderung.

Die Zehn wurde von den Pythagoräern als jene Zahl betrachtet, die das Geschehen der Welt am besten darstellte. Die Zehn ergab sich direkt aus der Tetraktys, der Vierheit, da die Summe der Zahlen eins bis vier (1 + 2 + 3 + 4) genau die Zehn ergibt.

Der Zusammenhang also zwischen der Vier und der Zehn erschuf den zyklischen Lauf der Welt, den immer wiederkehrenden Kreislauf des Weltgeschehens.

Die Seelenwanderung, die in der pythagoreischen Lehre eine zentrale Rolle spielte, vollzog sich in der Dynamik der sich drehenden Welten.

Das ist für uns insofern besonders interessant, da nach unserem Spiegelungsmodell die Vier in die Matrix der Zehn hereinwirkt.

Bei der Vier ging es um die sich entfaltende stoffliche Wirklichkeit. Und die Matrix der Zehn bringt diese Wirklichkeit in eine dynamische, kreisende Bewegung. Es ist unser Wesen, unsere Seele und unser Geist, die in der Dynamik des sich drehenden Weltgeschehens erleben, erfahren und erkennen.

Das Geheimnis der Matrix der Zehn ist demnach die Drehbewegung, die zyklische Wiederkehr der Seele, der Evolutionsplan, der unserer Seele innewohnt, der persönliche Seelenplan.

Als Symbol für die Matrix der Zehn wählen wir einen dynamisch sich drehenden Kreis.

Das Mantra der Zehn:
„Ich bin eins mit meinem Seelenplan.
Ich begebe mich ein
in den wiederkehrenden
Kreislauf des Lebens."

Die Matrix der Elf

„Befreiung"

Die Themen der Elf:

Befreiung, Entfaltung, impulsives Auflösen von Blockaden. Die Revolution, die eine Evolution bewirkt.

Die Zahl Elf ist jene, die als erste über unser Zahlensystem, das Zehnersystem, hinausgeht. Sie öffnet die Grenzen und ist dabei selbst eine Primzahl, also eine starke Basiskraft.

Gleichzeitig wirkt in die Matrix der Elf die Kraft der Drei herein, da sich die Drei in der Elf spiegelt. Auch bei der Drei ging es um die Entfaltung, um das Wachsen und Gedeihen im Einklang mit dem zyklischen Werdeprozessen des Lebens.

Die Elf nimmt die dynamisch drehende Bewegung, die in der Zehn bestimmend war, mit. Sie geht aber darüber hinaus, sie entgrenzt und erweitert. Die heile Matrix der Elf befreit den Menschen aus seinem Schattendasein. Sie gibt ihm den Mut, tatsächlich aufzustehen und über jede beschränkende Konvention, die den Fluss des Evolutionsplans behindert, hinauszugehen.

Die Elf ist die impulsiv auflösende Kraft jener Revolution, die zur Evolution führt.

Als Symbol der Elf nehmen wir daher jenen dynamisch drehenden Kreis, den wir bereits von der Zehn kennen. Und dieser Kreis wird durch zwei herausführende Linien geöffnet.

Diese Öffnung geschieht sowohl impulsiv kraftvoll, als auch bedacht und behutsam, sodass die drehende Dynamik erhalten bleibt.

Das Mantra der Elf:
„Ich bin die Entgrenzung.
Ich öffne den Kreislauf.
Ich bin frei.“

Die Matrix der Zwölf

„Vereinigung"

Die Themen der Zwölf:

Vereinigung und Verschmelzung.

Die sexuelle Vereinigung und die Vereinigung von Mensch und Mutter Erde.

Die heilsam fließenden Kräfte, die sich aus dieser Vereinigung ergeben.

Mit der Zwölf erscheint eine Zahl, deren Eigenschaften ziemlich konträr sind zu den Eigenschaften der Elf. Während die Elf eine unteilbare Primzahl ist, daher für sich steht und Strukturen auflöst, hat die Zwölf sehr viele Teiler, setzt sich aus vielen Zahlen zusammen und ist daher eine sehr stark ordnende und strukturierende Zahl. Die Zwölf vereinigt sehr viele Zahlen in sich, daher kann man sie halbieren, dritteln, vierteln und sechsteln. Sie eignet sich im positiven Sinne sehr gut dazu, eine harmonierende neue Ordnung zu schaffen. Während die Elf die behindernden Strukturen aufgelöst hat, schafft die Zwölf neue, dem Kreislauf des Lebens besser entsprechende Formen und Gestalten.

Wenn wir z. B. jene beengenden und das Feuer der Liebe unterbindenden Liebesbilder, die wir alle in uns tragen, auflösen wollen, sind wir gut beraten, die Matrix der Elf auf uns wirken zu lassen. Haben wir dann diesen Befreiungsprozess durchlaufen, ist die Zeit gekommen, um neue, dem Leben tatsächlich entsprechende Liebesbilder zu finden. Und dabei hilft uns die Matrix der Zwölf.

Wird allerdings die Kraft der Zwölf überdreht, wird also die Strukturbildung überzeichnet, so geht die Lebendigkeit, die begeisternde Fülle des Lebens wieder verloren. Daher endet unsere Reise durch die Matrix der Zahlen nicht hier, an der Zwölf, sondern wird in der Dreizehn das so sehr ersehnte Portal finden.

In den Religionen ist die Zwölf allgegenwärtig. Im antiken Griechenland kennen wir das zwölfköpfige Götterkollegium der Titanen und die zwölf Olympischen Hauptgötter. In der nordischen Mythologie befinden sich in Asgard zwölf Paläste für zwölf Götter. Das Volk Israels wird in zwölf Stämme gegliedert, Jesus hatte zwölf Begleiter, an der Tafelrunde des Arthurs hatten sich zwölf Ritter versammelt und die Astrologie geht von zwölf Sternzeichen aus.

Wir haben unsere Zeit in zwölf Stunden und in zwölf Monate unterteilt. Dadurch

Die zwölf Sternzeichen der Astrologie. Dadurch, dass zwölf Sinnbilder gewählt wurden, sind diese Zeichen gut strukturierbar. Die zwölf Zeichen können in Dreiergruppen unterteilt werden (stabile, labile und kardinale Zeichen), aber auch in Vierergruppen (Feuer, Wasser, Luft und Erde).

haben wir ein Instrumentarium geschaffen, um die Kraft der Zeit zu strukturieren, aber auch zu kontrollieren. Und das hat eben zwei Seiten, da uns durch diese strenge Strukturierung der Zeit der Bezug zu den Mustern der Zeit abhanden gekommen ist.

Schauen wir nun aber in die Matrix der Zwölf hinein! Wir wissen von der Spiegelung, dass die Kraft der Zwei in die Matrix der Zwölf hineinwirkt. Bei der Zwei ging es um das Du, um die Begegnung, um das Geschenk der Polarität und um den Magnetismus zwischen Mann und Frau, der die sexuelle Lust ermöglicht.

Und diese Zwei ist in den atomaren Primzahlen der Zwölf doppelt enthalten. Die Zwölf entsteht aus 2 * 2 * 3. Dieses doppelte Auftreten der Zwei verstärkt in der Matrix der Zwölf den Aspekt der Begegnung der beiden Pole Mann und Frau.

In der Zwölf ist außerdem die 2 * 3 enthalten, also die hohe Energie der Sechs, bei der es ebenfalls um die Begegnung von Mann und Frau geht, um jene Begegnung mit der höchsten Energie, nämlich um die Sexualität. Weiters liegt in der Zwölf die Drei, die Kraft des natürlichen Gedeihens, sowie die Vier (aus 2 * 2), die Kraft der Verwirklichung und der

Erde. Das bedeutet, dass es in der Matrix der Zwölf auch um ein sinnliches Erleben der irdischen Lebensprozesse geht. In der Zwölf tauchen wir in die Geschenke des realen irdischen Lebens ein, wir erleben die Welt mit allen Sinnen, wir erfahren spürbar die reale Welt.

Zusammenfassend wissen wir nun:

Die Matrix der Zwölf beinhaltet eine heilsam *ordnende Kraft*, indem sie eine große Anzahl an Möglichkeiten in sich vereinigt. Außerdem spricht sie die Ursehnsucht des Menschen an, in der *sexuellen Vereinigung die Erfüllung* zu finden. Es geht weiters um die heilsame Kraft des sinnlichen Erlebens.

Als Symbol für die Zwölf zeichnen wir einen Kreis, in dem sich die heilige und heilende Vereinigung vollzieht, die Vereinigung von Mann und Frau genauso, wie die Vereinigung von Mensch und Mutter Erde. Durch diesen Kreis und aus diesem Kreis heraus führt eine fließende Linie. Diese symbolisiert jene harmonisierenden freien Lebenskräfte, die durch die Vereinigung ins Fließen gekommen sind.

Das Mantra der Zwölf:
„Ich vereinige mich.
Aus dem sinnlichen Erleben
fließen heilsame Lebenskräfte frei.“

Die Matrix der Dreizehn

„Das Portal"

Die Themen der Dreizehn:

Der tatsächliche Übergang, der uns aus dem Schattendasein der Höhle herausführt.

Durch diesen Übergang entsteht ein gänzlich wertfreier und paradigmenfreier Zustand, der uns wieder zur Eins zurück bringt.

Mit der Dreizehn verlassen wir jene Strukturen, die uns zu Gefangenen in der Höhle gemacht hatten. In der Matrix der Dreizehn finden wir jenes Portal, über das wir die Höhle verlassen, die Geheimnisse der Heilen Matrix erkennen und das Matrixfeld klären und heilen können. Die Matrix der Dreizehn ist eines der größten Geschenke des Universums an den Menschen.

Wie schon zuvor angedeutet, kann eine Verfremdung der Matrix der Zwölf zur Erschaffung von hemmenden und begrenzenden Strukturen führen.

Das geschieht vor allem dadurch, dass das lebendige Feuer, das der Zwölf innewohnt, nämlich die Sexualität, als etwas

„Sündhaftes" und „Schlechtes" unterdrückt wird. Ist diese Verfremdung dann gelungen, wird die Struktur gebende Kraft der Zwölf überzeichnet, um damit Glaubensprogramme und vor allem die Macht der Wächter zu installieren. Es ist daher kein Zufall, dass die katholische Kirche so sehr die Zwölf betont.

Eine Darstellung der Dreizehn in einem Mandala. Durch das Portal, das wir über die Dreizehn durchschreiten, erreichen wir den Ausgang aus der Höhle.

Doch genau diese Verfremdung löst sich durch die Kraft der Dreizehn wieder auf. Erinnern wir uns, die Dreizehn war uns beim Liebesplaneten Venus, dem Planeten für Liebe und Erotik, begegnet!

Die Dreizehn ist die größte Gefahr für die Wächter in uns selbst und für die mächtig etablierte „Ordnung" in der Schattenwelt. Daher waren die Bestrebungen, die Dreizehn zu einer Unglückszahl zu erklären, sehr massiv. Dazu ein kurzer Blick in die Geschichte.

Im 13. Jahrhundert war der Orden der Tempelritter sehr mächtig geworden und

Die Weltbilder, die wir bisher hatten, gehen uns dabei verloren, da sie nicht mehr haltbar sind. Ein intensiver schamanischer Einweihungsprozess wird eingeleitet und führt uns an den Anfang, den Kern, zum Ersten Bewusstsein.

etliche Königshäuser (vor allem Frankreich) waren bei ihnen hoch verschuldet. Außerdem war eine gewisse Sympathie der Tempelritter zu den gnostischen Katharern sichtbar geworden, zu dem sich noch eine sehr tiefe Verehrung der Maria Magdalena (möglicherweise sogar als Geliebte des Jesus Christus!) gesellt hatte.

Damit hatten die Templer zwei mächtige Feinde: Den französischen König Phillip IV und die katholische Kirche, vor allem die Inquisition.

Daraufhin verfasste Phillip IV einen Haftbefehl für sämtliche Templer. Diese Polizeiaktion war akribisch genau geplant, sodass am selben Tag wirklich alle Templer überfallsartig verhaftet werden konnten. Und dieser Tag war keineswegs zufällig gewählt. Es war der *Freitag der 13. Oktober 1307*. Seit jenem Tag war der „Freitag der 13." ein Synonym für Unglück.

Warum gerade Freitag?

Auch das ist einfach erklärt und völlig plausibel. Der Freitag ist seit den Chaldäern der Venus zugeordnet. Im Deutschen kommt der Name Freitag von der Göttin Freya, der nordischen Göttin für die Liebe, die der Venus entspricht. Im Französischen heißt Freitag „vendredi", also „Venustag".

Wenn also die Dreizehn mit der venusischen Kraft in Verbindung tritt, wird dies für die „Wächter“ gefährlich. Das zeigt uns nur, wie stark die Kraft der Dreizehn tatsächlich ist!

Erinnern wir uns auch daran, wie sehr die Dreizehn in unserem Zellgedächtnis verankert ist. Wir haben auf unserer Reise zum Geheimnis der Matrix ja gesehen, dass unsere Embryonalentwicklung mit der Dreizehn getaktet ist.

Das gesamte Thema der Schwangerschaft, das verwoben mit Liebe und Sexualität ist, drückt sich über die Struktur der Dreizehn aus.

Die Matrix der Eins wirkt über die Spiegelung in die Dreizehn herein. In der Eins haben wir den Kern, das Basisprogramm der immanenten Heilen Matrix erkannt.

Und die Dreizehn eröffnet uns jenes Portal, durch das wir genau dahin wieder zurückkehren können.

Das Thema des Portals hatten wir ebenfalls bei unseren Forschungen zum Periodensystem angetroffen. Dort gab es diese beiden Freiräume bei der 43 und der 61. Vereinigen sich diese beiden Kräfte zu einer Einheit, so entsteht aus 43 + 61 die 104.

Und diese 104 ergibt sich aus der 8 * 13, der Zahl der Liebe (8) und die Zahl des Portas (13).

Mit der Dreizehn kehren wir zum Ausgangspunkt, zur Heilen Matrix zurück. Wir sind nicht mehr jene, die einst von dort aus aufgebrochen sind, um Erfahrungen zu machen und Geheimnisse zu erkennen. Wir sind reifer geworden und wissen nun, was das Erste Bewusstsein ist.

Als Symbol für die Dreizehn wählen wir die doppelte Spirale. Sie bewegt sich in die Mitte hinein, um den Schlüssel zum Ersten Bewusstsein zu finden. Und sie bewegt sich von dort aus weiter, um die in der Mitte erkannte Kraft in das Matrixfeld einfließen zu lassen.

Das Mantra der Dreizehn:
„Ich habe das Portal erreicht.
Ich habe den Schlüssel gefunden.
Ich gehe weiter."

Die Matrix des Lebens

Wir haben im ersten Teil dieses Buches eine Fülle an Erkenntnissen über die innere Struktur der Matrix gesammelt. Wir wissen nun viel darüber, wie jene Matrix, die unsere Wirklichkeit und unsere persönlichen Lebensumstände erzeugt, arbeitet. Wir haben in der Biologie, in der Physik, in den mathematischen Zusammenhängen und in der Geistesgeschichte des Menschen überall die Spuren der Matrix gefunden.

Und nun geht es uns darum, dieses Wissen anzuwenden, und zwar so anzuwenden, dass wir uns damit Werkzeuge erschaffen, die uns dabei helfen sollen, die Verbindung mit unserem Ersten Bewusstsein wieder aufzunehmen. Denn dort, in unserem Ersten Bewusstsein, entspringen jene Impulse, die uns in den Einklang mit unserem eigenen Entwicklungsplan bringen wollen. Diese Impulse sind wie ein *innerer Kompass*, der uns auf unseren Lebenswegen führen will und führen soll.

Wenn wir das Erste Bewusstsein so arbeiten lassen, wie es seit jeher arbeiten will, werden wir auf unseren Wegen Zeichen finden und erkennen, Zeichen, die uns unsere weiteren Schritte zeigen. Der Schlüssel liegt also in unserem Ersten Bewusstsein.

Und der Schlüssel zu diesem Ersten Bewusstsein in uns ist die Erkenntnis der Matrix.

Wir bilden nun all die Erkenntnisse, die wir auf unserer Reise zum Geheimnis der Matrix gewonnen haben, bildhaft ab.

Wir machen dadurch die Funktionsweise der Matrix visuell sichtbar. Das spricht die Heile Matrix in uns an, klingt sie an und aktiviert sie.

Das initiiert Klärungsprozesse in unserem persönlichen Matrixfeld und verändert unsere persönliche Realität.

Wir werden nun fünf Matrixbilder kreieren, die all das Wissen, das wir gewonnen haben, darin zum Ausdruck bringen. Wir werden diese fünf Matrixbilder zu fünf zentralen Lebensthemen kreieren, zum Thema des Selbstvertrauens, zum Thema des Wohlbefindens, zum Thema des Erfolges, zum Thema der inneren Ruhe und zum großen und intensivsten Thema überhaupt, zur Liebe.

Auf diesen Karten werden wir das jeweilige Thema in Form einer Matrix codieren. Wir machen dadurch jene Programme sichtbar, stellen also jene Programme visuell dar, mit denen die Matrix selbst arbeitet und Realitäten erschafft.

Das zentrale Ziel dieser Matrix-Darstellungen besteht darin, unser Zweites Bewusstsein zu klären und von den entfremdeten Programmen und Paradigmen zu befreien. Wir tun das, um das Feld dieses Zweiten Bewusstseins wieder in Einklang zu bringen mit jener immanenten Heilen Matrix, die seit jeher in unserem eigenen Ersten Bewusstsein lebendig ist. Wenn uns das gelingt, verändert sich unser Leben, wird lebenswert, interessant und begeisternd.

Und der Schlüssel dazu liegt in uns selbst.

Die Darstellungen der Matrix bestehen aus den 13 Symbolen, die wir aus dem vorigen Kapitel kennen. Es handelt sich dabei um eine Berechnung und um eine Codierung des entsprechenden Themas. Wenn wir die Matrix der Liebe berechnen wollen, codieren wir den Wortklang „Liebe, Heile Matrix".

Die Details zu diesen Berechnungen sind wohl nur für jene interessant, die sich auch mathematisch in das Matrixthema vertiefen wollen. Ich werde daher diese doch recht komplexe Mathematik hier nicht darstellen, wohl aber auf unserer Homepage, unter *www.meinThema.com* veröffentlichen. Hier beschreibe ich nur, was alles in diese Matrixberechnung einfließt.

Wir haben von den 20 Aminosäuren gesprochen und gesehen, dass die 20 die Basis bildet für den Aufbau unserer Biologie. Daher wird der Begriff (z. B. „Liebe, Heile Matrix") in 20 Grundlaute der Sprache umgerechnet.

Dann haben wir gesehen, dass das Codon, die dreifache Codierung in unserer DNA, das Basisprogramm unserer Biologie erzeugt. Auch das bilden wir in unserer Matrixberechnung ab, indem

Das sind die ersten 13 Zeichen, die sich aus dem Wortklang „Liebe, Heile Matrix" ergeben.

wir den Wortklang des Begriffes (z. B. „Liebe, Heile Matrix“) auf ein Codon, also auf drei Basisinformationen, zurückrechnen.

Wir verwenden dazu sowohl das 20er-System, vor allem aber das 13er-System, da es eben diese 13 ist, die das Portal für den Schritt in das befreite Sein bildet. Das Codon ist in unserer Biologie ein Basisprogramm und codiert damit ganz bestimmte Aminosäuren. Auch das bilden wir in unserer Matrix-Darstellung ab, indem wir aus unserem berechneten Codon eine archetypische Information herausfiltern.

Beim Thema der Liebe entspricht dies der Matrix der 11. Das zeigt uns, dass es beim Liebesthema niemals irgendwelche Definitionen geben kann, da die Liebe frei ist und frei bleiben muss, wenn sie nicht erkalten will.

Und schließlich lassen wir aus unserem berechneten Codon die eigentliche Matrix entstehen. Hier fließt jene Berechnung ein, die wir bei der Fibonacci-Folge gesehen haben, aus der heraus sich die Grundstruktur in den Erscheinungsformen der Natur bildet, nämlich der Goldene Schnitt.

Die Matrix, die wir berechnen, stellt das Matrixfeld zu einem bestimmten Thema dar. Sie muss daher mit dem Goldenen Schnitt, über den das Matrixfeld die Wirklichkeit erzeugt, zu tun haben. Auch hier verwenden wir die Dreizehn als Basis, da wir in ihr den zentralen Schlüssel gefunden haben!

Unser kreatives Ergebnis zeigt dann zwei Abbildungen. Auf der einen Seite sehen wir die Matrix in Form einer Kugel dargestellt. Die mathematischen Berechnungen haben ergeben, dass es sich dabei stets um einen wiederkehrenden Zyklus handelt, der aus genau 168 Zeichen besteht, da sich der Zyklus stets an der 169. Stelle wiederholt (169 = 13 * 13).

Unterhalb der Kugel findest du die Darstellung des Codons, das sich aus dem Thema, also z. B. aus dem Wortlaut „Liebe, Heile Matrix“, mathematisch ergeben hat.

Die zweite Seite unseres kreativen Werkes zeigt in Worten, worum es eigentlich geht. Die Matrix erscheint auch hier, während in der Mitte der „Archetyp“ des Codons dargestellt wird.

Wir haben auf diesen Karten Naturwissenschaft, Mathematik, Geisteswissenschaft und kreative Intuition vereint. Das erklärt die Wirkung der Matrixbilder.

Die Anwendung der Matrixbilder:

Schau dir die beiden Matrixbilder an, mal das eine, mal das andere. Lass sie auf dich wirken. Du wirst bald merken, dass es in dir zu denken beginnt, dass dir irgendwelches belangloses Zeugs durch den Kopf geht.

Das ist normal, denn die Wächter werden so aktiv.

Beobachte daher das, was du denkst. Gib deinen Gedanken deine Aufmerksamkeit, ohne das, was du denkst, zu bejahen. Gehe in die neutrale Beobachter-Rolle.

Du wirst sehen, dass deine Gedanken zur Ruhe kommen.

Gehe dann mit deiner Aufmerksamkeit wieder zu den beiden Matrixbildern zurück und lass sie auf dich wirken.

Du wirst sehen, dass sich dadurch dein Matrixfeld in einen Klärungsprozess begibt.

Dein Leben wird lebendiger und faszinierender werden. Es werden dir auf deinem Weg Zeichen begegnen, die dich begleiten und führen werden.

Die Matrix des Selbstvertrauens

Wir beginnen mit diesem Matrixthema, da dem Selbstvertrauen eine Urkraft zugrunde liegt. Wir vertrauen auf uns selbst, wir vertrauen auf unsere innere Mitte, aus der unsere Urkraft seit jeher aufsteigen will, um unser Lebensumfeld zu gestalten.

Dieses Selbstvertrauen ist der Schlüssel zu unserem inneren Potential, zu unserem ureigenen Seelenplan. Wir lernen darauf zu vertrauen, dass dieses Potential in uns selbst lebendig ist.

Potentiale wollen gelebt werden. Nur gelebte Potentiale machen uns lebendig und erfüllen unser Dasein mit Freude.

Das Codon des Selbstvertrauens:

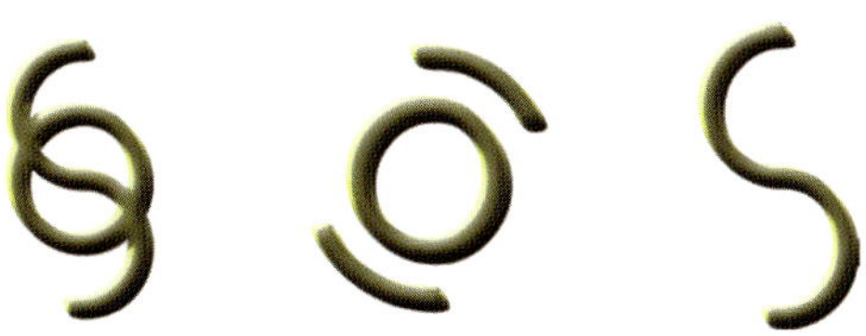

Das Codon, das sich aus der Matrix des Selbstvertrauens ergibt, besteht aus der Zwölf, der Zehn und der Neun.

Die Zwölf animiert uns dazu, dass wir unser alltägliches Leben *mit der Mitte unseres Selbst verbinden* können, dass eine Vereinigung des realen Lebens mit den Impulsen aus unserem Ersten Bewusstsein geschehen kann.

Die Zehn zeigt, dass unser Leben dann an positiver Bewegung und *Dynamik* gewinnen wird. Es wird sich das Rad unseres persönlichen Lebensplanes wieder weiterdrehen und uns mit Freude erfüllen.

Die Neun spricht von den Entfaltungsprozessen, vom natürlichen *Fluss unseres Lebens*. Das Fließen der Kräfte setzt ein, sobald das Vertrauen in die eigenen Potentiale wieder gewonnen werden konnte.

Der Archetyp des Selbstvertrauens:

Auch hier erscheint die Neun. Sie ist die zentrale Kraft des Selbstvertrauens und symbolisiert den *Fluss des Lebens*.

Wir befinden uns in der Mitte dieses Flusses, weil das Vertrauen in unsere ureigenen Kräfte uns derart lebendig macht.

Die Matrix des Selbstvertrauens:

Die Matrix des Wohlbefindens

Das emotionale und seelische Wohlbefinden sind die Grundvoraussetzungen für Gesundheit und für die Entfaltung im persönlichen Leben. Das Wohlbefinden erlangen wir dann, wenn wir im Einklang mit der uns innewohnenden Kraft sind, wenn wir also die Impulse aus unserem ersten Bewusstsein wahrnehmen und leben können. Es geht darum, dass unsere Kräfte frei fließen können. Und das gelingt uns nachhaltig nur dann, wenn wir das Schattendasein verlassen und es wagen, derjenige und diejenige zu sein, die wir tatsächlich sind.

Das Codon des Wohlbefindens:

Hier finden wir einen Dreiklang vor, der aus der Sechs, der Elf und der Eins besteht.

Die Matrix der Sechs spricht die uns innewohnende *Kraft* an. Wenn wir diese Kraft nicht leben, weil wir uns irgendwelchen Konventionen beugen, weil wir von anderen geliebt oder zumindest nicht diffamiert werden wollen, verlieren wir den Zugang zu dieser Kraft. Doch Energie vergeht nicht, sondern bleibt auch weiterhin in uns existent, sucht nach einem Ventil, um sich zu entäußern, und richtet sich bei andauernder Unterdrückung schließlich gegen uns selbst. Diese Kraft ist in uns vorhanden, sie will, und vor allem sie kann, von uns gelebt werden.

Die Elf zeigt die Lösung an. Die Elf geht über das Herkömmliche hinaus, öffnet die behindernden Strukturen und ermöglicht jenen *Freiraum*, über den diese Kräfte in uns gelebt werden können.

Die Eins führt uns zum Ursprung unserer Kraft, zum „Ich bin“, zu unserem zentralen bewusstem Sein. Die Heile Matrix unseres *Ersten Bewusstseins* weiß um die in uns angelegten Potentiale. Es weiß, dass ein nachhaltiges Wohlbefinden sich aus dem Leben dieser Kräfte wie von selbst ergibt. Und es weiß auch, dass es für all das, was in uns angelegt ist, einen realen Weg zur Verwirklichung gibt.

Der Archetyp des Wohlbefindens:

Hier finden wir die Sieben vor, die Mitte. Die Matrix des Wohlbefindens führt uns in diesen *ausgewogenen Zustand der Mitte*, von wo aus alles möglich wird.

Die Matrix des Wohlbefindens:

Die Matrix des Erfolges

Das herkömmliche Bild von Erfolg, auf das wir zum allergrößten Teil geprägt sind, besteht aus dem Erreichen eines Zieles. Doch das entspricht kaum dem Erfolg aus Sicht der Heilen Matrix. Das Leben ist organisch, dynamisch und ein zyklisches Vergehen und Werden. Der Sinn dieses Spieles liegt in der Erfahrung der Bewegung, im Erleben des Gedeihens, im Erkennen des großen Evolutionsplanes. Das Programm der Heilen Matrix zum Thema Erfolg liegt in der *Entfaltung und Verwirklichung eben dieses Evolutionsplanes*.

Natürlich macht es Sinn, sich etwas Konkretes vorzunehmen. Doch der Erfolg besteht nicht darin, dass ich genau das erreiche, was ich mir vorgenommen habe. Der Erfolg besteht auch keineswegs darin, das zu erreichen, was mir von anderen oder gar von gesellschaftlichen Konventionen vorgegeben wurde. Der Erfolg besteht vielmehr darin, aufzubrechen, den Weg zu wagen und dabei lebendig zu bleiben, auf die Zeichen zu achten, die das Leben uns gibt und flexibel genug zu bleiben, die Richtung zu verändern, wenn der innere Seelenplan dies empfiehlt. Wenn wir in der Verbindung mit den Impulsen unseres Ersten Bewusstseins bleiben, wird der

Weg, den wir gehen, uns erfüllen und mit neuen Kräften beleben. Und dann, dessen können wir uns sicher sein, wird sich der Erfolg einstellen, auf Ebenen, und mit Möglichkeiten, an die wir zuvor meist gar nicht gedacht haben.

Das Codon des Erfolges:

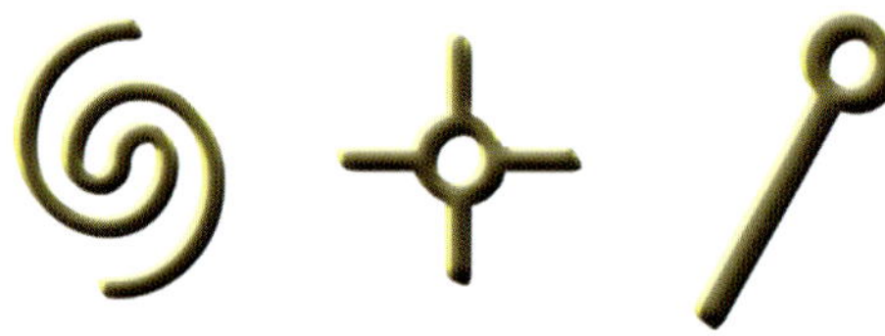

Die Erfolgsmatrix schickt uns zuerst durch das Portal der Dreizehn. Hier geschieht eine Klärung unserer Gedanken und Programme. Hier werden wir *mit Freude und mit Lebenssinn aufgeladen*, hier wird das Ziel zum Weg und hier verbindet sich dieser unser Weg mit venusischer Sinnlichkeit.

Wir erreichen dann die Vier. Jetzt kommt es zum Wunder *der realen, konkreten Verwirklichung*. Der Impuls, der uns dazu gebracht hatte aufzubrechen, beginnt an dieser Stelle reale Formen anzunehmen, sich zu gestalten.

Diese real gewordenen Formen erhalten über die Sechs *die Energie, die Kraft, das Feuer*, um nachhaltig auszustrahlen und um den Raum, in dem sie sich entfaltet haben, wärmend zu erfüllen.

Der Archetyp des Erfolges:

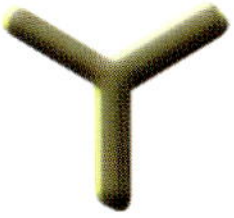

Aus dem Codon des Erfolges ergibt sich die Drei, die Drei des *Entfaltungsprozesses und des Gedeihens*. Der im Sinne der eigenen Heilen Matrix gesetzte Erfolgsimpuls nimmt Raum ein, erweitert sich und begibt sich ganz ein in die zyklischen Lebensprozesse. Das, was wir erfolgreich gestaltet haben, nützt jedem und allen, die mit unseren Schöpfungen in Verbindung kommen.

Die Matrix des Erfolges:

Die Matrix der inneren Ruhe

Die innere Ruhe ist das, wonach wir uns in unserer schnelllebigen Zeit oft sehr sehnen. Wenn unser Körper mit dem immer häufiger auftretenden Burn-Out-Syndrom reagiert, schaltet er einfach ab, macht uns im Außen handlungsunfähig und führt uns auf uns selbst zurück. Die innere Ruhe finden wir dann, wenn wir mit unserem Ersten Bewusstsein wieder eins werden, wenn wir die Impulse, die aus unserem Ersten Bewusstsein kommen, wieder spüren und wenn wir es wagen, auf diese Impulse wieder zu vertrauen.

Das Codon der inneren Ruhe:

Der Sinn dieser Matrix besteht grundsätzlich darin, uns wieder in die Verbindung mit unserem Ersten Bewusstsein zu bringen. Daher beginnt das Codon mit der Eins, mit dem heilenden und heilsamen Sein im „*Ich bin*". Danach wiederholt dieses Codon zweimal die Zwölf und spielt damit auf *die heilende Verbindung mit dem eigenen Ersten Bewusstsein* an. Durch diese Verbindung ordnen sich die Lebenskräfte neu und klären das uns umgebende Matrixfeld.

Der Archetyp der inneren Ruhe:

Es ist die Zehn, die der Dreiklang des Codons ergibt. Das persönliche Leben erhält eine neue Dynamik im Einklang mit dem eigenen Seelenplan. Die Energien balancieren sich aus und erschaffen eine neue Kraft, die von innen, von der eigenen Mitte gespeist wird.

Die Matrix der inneren Ruhe:

Die Matrix der Liebe

Wir sind nun bei jenem zentralen Lebensthema angelangt, das für uns wohl das wichtigste ist und das uns gleichzeitig die schwierigsten Aufgaben zum Lösen gibt. Es geht um die Liebe, vor allem um die partnerschaftliche Liebe, um Erotik und um Sexualität. Wie sehr wünscht sich doch jeder Mensch eine erfüllende Liebesbeziehung, in der das Feuer der Sexualität lebendig bleibt. Ich habe die damit verbundene Problematik, vor allem die offensichtliche Unvereinbarkeit von exklusiver und lebendiger Sexualität in diesem Buch mehrmals angesprochen.

Wir sollten uns allmählich eingestehen, dass jene Liebesbilder, die wir haben und nach denen wir zu leben (zu lieben) versuchen, nicht funktionieren. Es handelt sich dabei offenbar um Implantate aus einer verfremdeten Matrix, die wir allerdings derart tief in uns integriert haben, dass wir unsere eigene Wahrheit zur Liebe kaum mehr spüren können.

Andererseits müssen wir uns aber auch eingestehen, dass wir keine anderen, lebbaren Liebesbilder kennen. Diese müssen erst gefunden, erarbeitet und erlebt werden. Aber genau darin besteht die zentrale Aufgabe unserer Zeit, diese neuen, nicht exklusiv beschränkenden, lebendigen Bilder von Liebe und Sexualität zu erforschen und den Mut zu haben, diese Problematik offen anzusprechen.

Wie dringend diese Aufgabe ist wird klar, wenn wir erkennen, dass ein direkter Zusammenhang besteht zwischen den Kriegen, die wir in der Liebe führen, und den Kriegen, die wir in unserer Welt überall sehen!

Wenn unsere Zeit uns diese Aufgabe stellt, wenn wir auch erkennen, dass diese Aufgabe an uns herangetragen wird, dann können wir davon ausgehen, dass in der Heilen Matrix dafür bereits Lösungen und Lösungswege bereit liegen.

Ich möchte hier an dieser Stelle die Autorin **Sabine Lichtenfels** zu Wort kommen lassen, die es ebenfalls wagt, dieses Thema und diese Problematik direkt anzusprechen:

Zitat Anfang

**„Es wird auf der Erde
keinen Frieden geben,
solange in der Liebe Krieg ist.“**

„Die Verwirklichung einer erotischen Friedenskultur wird erst möglich sein, wenn der latente Kampf zwischen den Geschlechtern beendet ist. Dazu gehören vollkommen neue Paradigmen in der Liebe, in denen die Sehnsucht nach

Treue und Partnerschaft nicht mehr im Widerspruch steht zu erotischem Abenteuer, dem verführerischen Spiel, innerem Aufbruch und erotischer Freiheit. Die wahre Emanzipation beginnt mit einer Liebe ohne Betrug. Sie beginnt mit einer solidarischen Beziehung der Geschlechter, welche die erotische Grundnatur von Mann und Frau nicht länger verleugnet. Der Eros ist unsere heilige Quelle des Lebens und der Liebe. Unsere Sexualität hat ihren Anker wieder in der universellen Ordnung des Lebens und ist uns heilig, so heilig wie das Leben selbst. Daraus wird eine neue erotische Kultur hervorgehen, in der Krieg undenkbar wird.

Die Sehnsucht nach der großen Liebe und die große Sehnsucht nach Sex, Abenteuer und Freiheit sind das alles durchziehende Nervensystem unserer Kultur. Die verschwiegene Lust führt Regie hinter den Kulissen, man spricht darüber kaum. Der anonyme Eros und die Sehnsucht nach Intimität bestimmen Markt und Modeindustrie.

Es gibt heute kein Gesellschaftssystem, wo diese beiden Grundtriebe, die Sehnsucht nach der großen Liebe und die große Sehnsucht nach Sex und Abenteuer, befriedigt werden können. Sie führen Krieg gegeneinander.

So werden Ehen geschlossen und geschieden. Millionen von Frauen und Männern betrügen heimlich ihre Partner, werden getrieben von etwas, das sie nicht wirklich benennen können. Dies führt in extremen Fällen bis zum Selbstmord, zu Depression und zu Krankheit. Unsere Kultur hat Gesetze in der Liebe festgelegt, die unserer erotischen Natur widersprechen und uns wie die Lemminge in die immer selbe Sackgasse führen. Sie hat ein Liebesbild zur Gesundheit erklärt, welches in sich krank ist.

„Wenn er fremd geht, bringe ich ihn um!“ rufen die Frauen leidenschaftlich aus in den Hollywoodfilmen.

Es wird auf der Erde keinen Frieden geben, solange in der Liebe Krieg ist.

Wir haben Vorschläge für eine Lösung.

Freier Eros und Partnerschaft schließen sich nicht aus, im Gegenteil, sie ergänzen einander. Wahrheit in der Liebe ist die Basis für jede wahre Liebesbeziehung. Die Frage, ob wir monogam leben wollen oder polygam, heterosexuell oder homosexuell, entscheidet sich auf der Grundlage unserer inneren Wahrheit. Es ist kein Widerspruch, sich nach einem Partner zu sehnen und gleichzeitig nach erotischen Abenteuern. Es ist kein Betrug, zum Betrug wird es, wenn wir es vor unseren Partnern verschweigen müssen! Es gibt eine Treue, frei von Betrug, in der die Zuwendung eines Liebespartners zu einem anderen keine Verlustangst mehr auslöst, sondern Freude und Zuwachs an Eros und Vertrauen.

Wir arbeiten an einem Liebesbild, wo wirkliche Treue und wirkliche Freiheit keine Gegensätze mehr sind. Damit arbeiten wir an den Grundlagen einer neuen Kultur des Friedens. Wir arbeiten an einem Liebesbild, wo Emanzipation und Solidarität unter den Geschlechtern keine Schlagwörter mehr sind.

Dies ist eine revolutionäre Kraft in jeder bestehenden Kultur. Ob sie zu friedlichen neuen Formen des Zusammenlebens führen kann oder ob die bestehenden Kulturen durch die latente Macht des Eros gewaltsam gesprengt werden, liegt an uns.

Es ist die Frage, ob wir uns dieser latent wirkenden Macht bewusst werden. Wenn wir es lernen, sie bewusst zu verstehen und anzunehmen, ist es die Keimkraft für die Entstehung einer neuen Kultur des Friedens.“

Zitat Ende

Lassen wir uns darauf ein, wagen wir es, neue Wege in der Liebe zu erkennen und diese auch zu gehen.

Das Codon der Liebe:

Der Dreiklang der Liebesmatrix beginnt mit der Zwei, mit dem Symbol für *Polarität* und für jene Spannung zwischen Mann und Frau, durch die erotische Anziehung und Liebe erst möglich werden. Danach erscheint die Eins. Sie führt jeden der beiden Partner zu sich selbst zurück, zur eigenen inneren Wahrheit, *zur eigenen Wahrheit* in der Liebe. Und dann erst eröffnet die Acht den Weg zur Hingabe, zur Empfangsbereitschaft, zur sexuellen Vereinigung und Erfüllung.

Der Archetyp der Liebe.

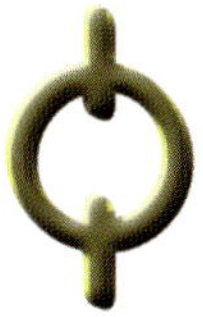

Aus diesem Dreiklang ergibt sich die Elf, die revolutionäre Kraft, die befreiende Kraft. Sie zeigt, wiesehr die Liebe in der Lage ist, über alle Konventionen hinweg zu gehen und gänzlich frei zu werden. *Das Wesen der Liebe, die Matrix der Liebe ist weder kontrollierbar, noch begrenzbar.* Doch wenn wir es wagen, die Kräfte der Liebe so fließen zu lassen, wie sie von ihrer natürlichen Beschaffenheit her fließen wollen, werden wir all unsere Sehnsüchte stillen können und darüber hinaus eine neue Welt erschaffen!

Die Matrix der Liebe:

Ausklang

Wir haben nun unsere Reise in die Geheimnisse der Matrix vollendet. Wir haben viel erfahren über die Funktionsweisen der Matrix und über unser Erstes Bewusstsein. Wir sind auf dieser Reise sicherlich auch an Punkte gekommen, die unser Weltbild in Frage gestellt haben. Das ist zu erwarten gewesen, denn ein Mensch, der die Höhle mit ihren Schattenspielen verlässt und das klare, helle Licht der dahinterliegenden Realität sieht, durchläuft einen Initiationsprozess, durch den sich seine Welt zuerst einmal auf den Kopf stellt.

Wir haben Wege kennengelernt, um mit unserem Ersten Bewusstsein in Verbindung zu kommen und um jene Impulse, die aus dem Ersten Bewusstsein und ihrer Heilen Matrix entspringen, in unserem Leben wirksam werden zu lassen.

Nun liegt es an uns.

Kehren wir wieder zurück in die
scheinbar sichere Welt der Schatten?
ODER
gehen wir den Weg des Erkennens weiter?

Wagen wir es, aufzubrechen, um neue Bilder zu finden? Sind wir bereit für die neuen Bilder einer befreiten und begeisternden Liebe, und für die neuen Bilder einer Welt des Friedens?

Die Höhle mit ihren Schattenwelten liegt hinter uns. Blicken wir uns doch einmal um, da, wo wir jetzt gerade sind! Und siehe da, wir sind nicht alleine. Wir sehen auch andere, die sich von den inneren Paradigmen und Glaubensmustern befreit und die sich auf den Weg gemacht haben. Wenn wir begreifen, wie wichtig es jetzt ist, sich miteinander zu verbinden, ist der Aufbau einer neuen Liebes- und Friedens-Kultur bereits in eine greifbare Nähe gerückt!

Vorderseite

Rückseite

Matrix-Schmuck
gibt es zu folgenden Themen:

Selbstvertrauen
Wohlbefinden
Erfolg
Innere Ruhe
Liebe

MATRIX-SCHMUCK *der berührt*

In jedem Menschen lebt die Heile Matrix. Aus dieser Heilen Matrix heraus entfalten sich jene Impulse, die unswie ein innerer Kompass auf unseren Lebenswegen begleiten. Das nicht geklärte Matrixfeld übertönt diese Impulse allerdings zumeist. Um nun diese Impulse aus unserem eigenen Inneren wieder deutlicher wahrnehmen zu können, haben wir den Matrix-Schmuck entwickelt. Er wird in reiner österreichischer Handarbeit in unserer eigenen Silberschmiede hergestellt. Wir achten dabei vor allem darauf, dass bereits die Produktion dieser schönen Silber-Schmuckstücke in einem heilen, positiven Matrixfeld geschieht.

Durch das Tragen und Berühren dieses Matrix-Schmuckes, der die Matrix-Symbole zu den entsprechenden Themen trägt, öffnen wir uns für die in uns selbst freiwerdenden Lebensimpulse.

Zum Beispiel:
Matrix-Anhänger
Ø 25 mm
925 Silber
ab Euro 49,–

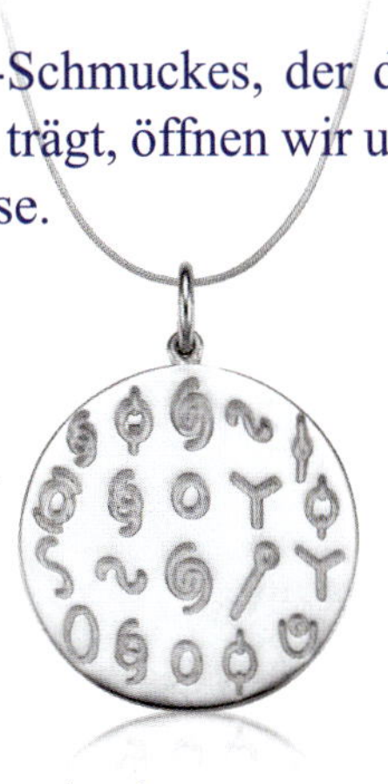

Wir geben diese schönen Werke mit viel Freude weiter!
Werner J. Neuner, Uschi Neubauer und das meinThema-Team

Die gesamte Kollektion des Matrix-Schmuckes finden sie auf
www.meinthema-onlineshop.com

3D Matrix-Cards zum Buch

Liebe

Wohlbefinden

Selbstvertrauen

Innere Ruhe

Erfolg

Auf diesen Karten ist die Matrix mit einem schönen 3D-Effekt, als Hologramm, dargestellt. Das Betrachten dieser Karte reinigt und klärt das persönliche Matrixfeld. Hochwertiger Druck auf sehr stabiler Karte, mit Beschreibung.

Die Themen der 3D-Matrix-Card: Selbstvertrauen, Innere Ruhe, Wohlbefinden, Erfolg, Liebe

€ 8,80 pro Karte, einzeln bestellbar!
Größe: 5 cm x 8 cm
ISBN: 978-3-902280-60-2
Bestellungen direkt unter:
www.meinthema-onlineshop.com

Die CD zum Buch

Die Matrix erschafft die Realität unseres Lebens.

Michael Mosaro Scheickl hat 20 Musikstücke komponiert, die das Feld der Matrix klären, beleben und den Hörer inspirieren. Von Werner Johannes Neuner stammt die Idee dazu, sowie die Zuordnung der Themen zu den jeweiligen Musikstücken.

€ 19,90 + Versandspesen

20 wunderschöne Musikstücke

Gesamtlänge: 76:41 Min

Bestellungen direkt unter:
www.meinthema-onlineshop.com

Der persönliche Venuscode

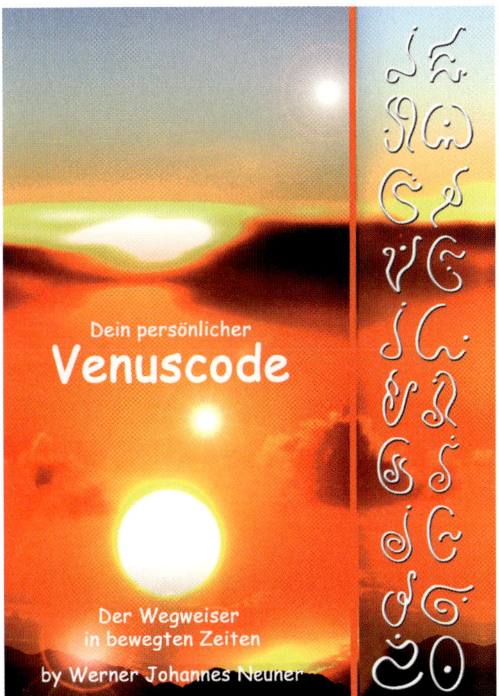

€ 34,- + Versandspesen

Bestellung: mit Angabe von Geburtsdatum (+ Geburtszeit, wenn bekannt), Geburtsort, Name und Zustelladresse per E-Mail an: info@neunercode.com
Weitere Infos unter
www.neunercode.com

Dein „persönlicher Venuscode" zeigt dir, welche Anlagen, Möglichkeiten, Potentiale die Muster der Zeit dir mitgegeben haben. Er wird aus deinem Geburtsdatum errechnet und erkennt die Grundstruktur deiner persönlichen Heilen Matrix.

Dein persönlicher Venuscode wird dir als Wegweiser dienen.

Der Venuscode beinhaltet: 20 Seiten mit Grafiken und Texten, praktische Übungen, die wichtigen Wendepunkte in der nahen Zukunft, sowie die Energiekarte mit deinem persönlichen Venusschlüssel, in einer schönen Mappe verpackt.

Die Blume der Liebe

vom Problemfeld zum Heilungsfeld

Die Blume der Liebe
vom Problemfeld
zum Heilungsfeld

Roman

268 Seiten
Hardcover
€ 26,90

ISBN: 978-3-9502439-9-4

Der Mensch befindet sich in einer Übergangsphase, die dramatischer nicht sein könnte. Die Matrix der Angst und der Gewalt wirkt feldbestimmend auf unser Tun, auf unsere Wahrnehmung und auf unser Empfinden ein. Eine drohende Klimakatastrophe, der mögliche Zusammenbruch des Finanzsystems und die heftigen Reaktionen der Erde sind Themen, die alltäglich geworden sind.

Doch es gibt einen Ausweg:
Die Rückbesinnung
auf die Heile Matrix!
Und die Blume der Liebe ist eine Form und ein Schlüssel, der uns persönlich und der gesamte Menschheit dabei entscheidend unterstützen kann.

Bestellungen direkt unter:
www.meinthema-onlineshop.com

Venus,
die Heilung der Liebe

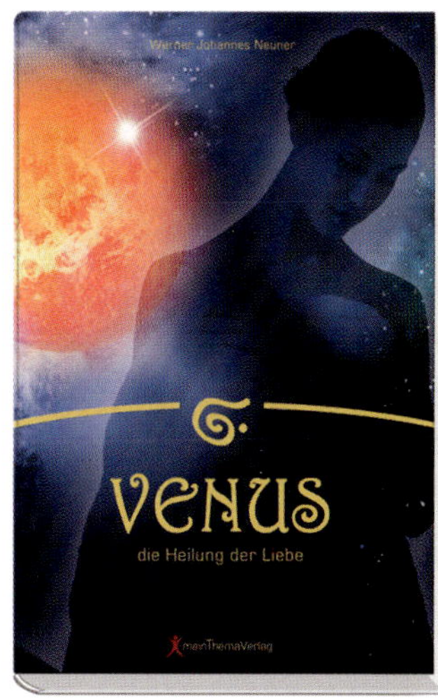

Dass die Venus mit der Liebe zusammenhängt, wissen wir. Was es allerdings mit der Venus tatsächlich auf sich hat, welche Mythen mit ihr verbunden sind und vor allem wie du dich mit der Kraft der Venus verbinden kannst, wirst du in diesem Buch erfahren.

Mit zahlreichen praktischen Übungen und konkreten Anleitungen für den Alltag, z. B. Heilung von emotionalen Verletzungen, Herzensrituale, Energetisierung von Steinen usw.

Möge die Heilung der Liebe stattfinden. Jetzt! So sei es! Und so ist es!

Bestellungen direkt unter:
www.meinthema-onlineshop.com

Venus,
die Heilung der Liebe

154 Seiten
Hardcover
€ 26,90
inkl. 3 wertvollen
Venuskarten

ISBN: 978-3-9502439-5-6

Blasphemie
Erde in Aufruhr

Vor 5000 Jahren ereignet sich im Geist des Menschen ein katastrophaler Wandel. Das globale Friedensfeld der Jungsteinzeit fällt einem sich immer mehr ausdehnenden Angst- und Gewaltfeld zum Opfer. Auslöser dieses krankhaften Wandels ist eine Schar von Göttern, die den Planeten Erde überfallen, den Mensch mittels illusionärer Bilder täuschen und die gesamte Spezies Mensch zu versklaven wissen …

Die Erde bittet um Einhalt.

Denn es gibt noch eine letzte Chance …

Blasphemie
Erde in Aufruhr

Roman

204 Seiten
Hardcover
€ 20,00

ISBN: 978-3-9502439-8-7

Bestellungen direkt unter:
www.meinthema-onlineshop.com